ⓢ新潮新書

先崎彰容
SENZAKI Akinaka

国家の尊厳

908

新潮社

序　章　アイデンティティーがゆらぐ日本

令和二年八月二八日、安倍晋三首相が辞任を発表しました。

金曜日でもあるこの日、勤め先の大学から三軒茶屋駅へとつづく飲食店街は、多くの人たちがお酒の席を楽しんでいるようでした。渋谷近郊の街中には、一杯ひっかけ終わった老若の男女が、蒸し暑い夜道を歓談しながら歩いていました。

ぶらつく人びとの間を縫うようにして歩きながら、筆者は思い出していました。つい三カ月前、夜八時のこの道は、ひっそりとして明かりが落ちている店も多かった。街からは人影が消え、闇が復活していた。

東日本大震災以来の静寂が東京を染めていました。ただ大震災が実際に建物や車を呑み込んで、東北地方を泥水で覆い尽したのにたいし、眼の前にある光景は、表面上は何も壊れていません。にもかかわらず、いるべきはずの人間がいない。東京はまるでゴーストタウンであり、不気味そのものでした。
この時、私たちは戦後初の緊急事態宣言の只中にいたのです。

令和の日本は、年号に込めた思いとは逆に、混乱から始まったといってよいでしょう。今から一二九〇年前の天平二年正月一三日、春先のこの日は折しもよい月が出て、空気は澄みわたり、風がやわらかく吹いている。宴会を催し、自在で満ち足りた気分のもとで、梅の花をめぐる歌が詠まれることになる——。『万葉集』巻第五に描かれたこの和やかな世界こそ、新時代・令和に託された思いでした。

改元は一昨年五月のことです。それから一年と経たないうちに、新型コロナウイルスという目に見えない敵が突如出現し、防衛態勢も整わないまま戦闘状態に突入しました。その戦いは日本だけではなく、世界全体に瞬《また》く間に広がっていったのです。

今、世界はグローバル化の極北にあります。

グローバル化は国際化と訳すよりも、移動の時代と考える方が事態を正確に捉えられると思います。日本から遠く離れた場所で発生したウイルスが、国境などお構いなしに駆けめぐる。その様子は、ヒト・モノ・カネが世界を還流しているグローバル社会を象徴するものです。新型コロナウイルスの感染拡大がここまで進んだ背景には、時代状況を象徴する側面があるのです。感染がヒトからヒトへと広がるものである以上、私たちの生活様式が、今回の事態を引き起こした直接原因です。

一方で、コロナ禍は、改めて国境がもつ意味を顕在化させました。国家は都市封鎖をするだけでなく、国境そのものを硬く閉ざしたからです。国内はもちろん国際社会もまた、ヒトの移動を禁止した。それぞれの国は個別に対策を講じ、たしかに**国境は機能したのです。**

では、わが国はこの間、どのような対策をとってきたのでしょうか。

また政府の方針に対し、日本人はどのような反応を示してきたのか。

例えば、緊急事態宣言の発令が検討されはじめた際、マスコミはこぞって「権力による私権の制限の恐れがある。発令は慎重になされるべきだ」と警戒感を露《あら》わにしました。しかし一旦発令されると、おなじテレビコメンテーターが、「安倍政権は今まで何をしていたのだ。もっと早く発令し、コロナ禍を抑え込むべきだった」と批判をしたのです(令和三年正月七日、二回目の緊急事態宣言の際も、野党は同様の批判に終始しました)。

諸外国のロックダウンとは異なり、わが国の緊急事態宣言が要請を原則とし、一切の具体的な法的拘束力をもたなかったことは、知られる通りです。

安倍政権がマスクを全国配布するというと、その質を酷評し、発注先との癒着を咎める言葉が溢れかえりました。また生活困窮世帯への三〇万円の給付を一旦決定したものの、全員一律一〇万円に切り替えると、その変更自体が政府の稚拙な政策決定だと糾弾されました。「否定という病」とでも名づけるしかない、混乱した苛立ちの言葉が日本を覆い、人びとをつなげていたのです。

他方で、奇妙な感動の醸成も行われていました。テレビで健気にマスクを自作している映像を観たことがあるはずです。マスクを無償で配り歩く誠実な人もでてきたし、自宅で子供と作った人もいた。

また外国からは、毎週ある時間になると、コロナ患者と向きあう医療関係者に感謝し、また激励するために、拍手する人びとの映像が報じられました。医療関係者は前線で戦う英雄であり、その健闘を称えようとする好意からです。その後、日本でも五月二九日、同様の感謝と激励としてブルーインパルスが東京上空を飛び交いました。

筆者が一番驚いたのは、あるテレビ番組で、演出家の呼びかけに賛同したタレントなどが、坂本九の「上を向いて歩こう」を歌う姿を映しだし、感極まったアナウンサーが涙している時でした。自宅でバラバラに過ごす国民にむけて、芸能人やスポーツ選手がメッセージを発信し、団結と忍耐を呼びかける。こうした姿をほぼ連日、私たちは目にしていたことを覚えているはずです。

これだけ実例を挙げれば、もう十分でしょう。

筆者がいいたいのは、今から七〇年以上前、あの戦時中の市井の人びともまた、おなじような雰囲気の中にいたのではないか、ということです。最前線で戦う医療関係者を英雄に祭りあげ、尊敬のまなざしを送る光景は、戦時中、街を往来する兵隊さんに向けられた視線とおなじではないでしょうか。また芸能人やスポーツ選手が、「敵」を撲滅するために慰労や団結をする姿は、戦時中の慰問団と、ネット映像である以外になにか違いがあるでしょうか。

そして健気にマスクをつくる姿、医療現場で不足する防護服の代替品として雨合羽《あまがっぱ》の供出を呼びかける大阪市とそれに応じる市民に、戦時中に鉄鍋供出をする国防婦人会を重ねるのは、時代錯誤だと笑えるでしょうか。

異論を一切許さない感動の醸成による人びとのつながりがここにはありました。

私はなにも、努力する人びとに冷水を浴びせかけ、シニカルに批判する「非国民」になりたいわけではありません。そうではなく、これらの事例から分かるのは、日本国にはあまりにも**否定と感動によるつながりが蔓延している**。きわめて情緒的なのです。

これが緊急事態宣言当時、筆者が感じていた危機感でした。

*

なぜ、こうした事態が生じているのか。過剰な関係の中に自らを没入させてしまうのか。

あらかじめ結論を述べておくべきでしょう。筆者は、こうした時代状況の背後に、**深刻な自己同一性の危機がある**と考えています。

自己同一性とは、アイデンティティーの日本語訳ですが、自分らしさと呼び代えることもできると思います。そして戦後日本のアイデンティティーとは、政治では自由と民主主義であり、経済では成長主義であり、私的レベルでは個人主義にほかなりません。

つまり今日、私たちは個人のレベルでも、また国家としても深刻な戦後的価値観の解体の危機に直面している。自己同一性の解体と混乱が一気に顕在化し、分かりやすい行動となって顕《あら》わになったのが、コロナ禍なのではないか。

普通、人間は何ものかに所属することによって自分についての説明をします。日本人、大学教授、埼玉県民、○○銀行員……肩書を名刺に書き込むことで、自分とは何者なのかを私たちは説明し、他者と共有します。信用も警戒感もここから生まれる。肩書とは、社会における役割のいい換えであり、つまり他人との関係に自分がどのような形で関わっているのかを示す指標です。

総理大臣を罵倒するツイッターのフォロワーも、医療関係者を労《ねぎら》うために東京上空を飛んだブルーインパルスを見て、日本人の団結を感じ涙する人も、それぞれの関係に所属し、自分らしさを見出している点でおなじです。

あらゆる肩書を外した先にある自分こそ、本当の自分らしさなのだという意見もあるでしょう。しかし関係や所属を強く否定することで浮上する自己同一性は、強固な人間関係があってはじめて成り立つものであり、実は関係の存在自体を自明視し、前提としているのです。

コロナ禍があからさまにしたのは、この自明の前提、私たちの生活の基盤や価値をつくっていた戦後の社会関係が解体したということです。

新しい生活様式とは、何も人との間隔を二メートル空けるとか、大声でおしゃべりしないとか、五人以上で飲みに行ってはいけないということだけを意味するわけではない。こうしたふわっとした生活スタイルの変化に注目するだけでは本当の意味を取り損ねる。

もし新しい生活様式という言葉を、より本質的にとらえるならば、新たな人と人との関係構築を迫られているという意味でとらえねばならない。

自由と民主主義、経済成長、そして個人主義を「戦後のアイデンティティー」と名づけるならば、今、求められているのは新しい国家像、すなわち「令和日本のデザイン」ではないのか。

一例をあげましょう。作家の三島由紀夫は、ある自伝的作品の中で次のようなことをいっています。戦後、川端康成に紹介された文芸雑誌に、新進作家として原稿が掲載されることが決まった。ただ掲載が決まっても、流行作家が作品を送ってくると、自分の作品は次号に後回しにされてしまう。いつまでたっても掲載のめどが立たず、催促のために訪れた出版社の待合室にいる三島に、ある強烈な感慨が襲ってきました。

自分の眼の前で、人びとは忙しそうに立ち働き、新時代の躍動がみなぎっている。戦争には負けたが、もう爆弾の落ちる心配はなくなった。自由な言論と企業的成功が一度に訪れ、出版社には、やりがいと活気が満ちている。

しかし、三島は時々、呆然とした思いにとらわれることがあったのです。なぜならこれが一体現実なのだろうか、こんな平和なオフィスの光景は永久に見られるはずがないだろうと、つい半年前の三島自身は思っていたからです。

この敗戦直後の違和感が、一七年後、次のような言葉を三島に書かせたのでした――「戦後十七年を経たというのに、未だに私にとって、現実が確固たるものに見えず、仮りの、一時的な姿に見えがちなのも……明日にも空襲で壊滅するかもしれず、事実、空襲のおかげで昨日在ったものは今日はないような時代の、強烈な印象は、十七年ぐらいではなかなか消えないものらしい」（「私の遍歴時代」）。1

この三島の困惑こそ、私たちが参考にすべきです。

今日存在したものが明日には消える戦争体験とは、自明の価値の崩壊を意味します。その結果、戦後の新生活に馴染めず、待合室で困惑を隠せない。「戦後の国家像」に所属できない三島は、深刻な自己同一性の危機に苦しんでいる。

これまでの所属も関係も括弧《かっこ》のなかに入れ、もう一度、アイデンティティーを作り直さねばならなかった。

だとすれば、私たちは、眼の前のコロナ禍に注目するだけでは不十分です。

安倍政権は、連続在任日数が歴代最長の約七年九カ月におよび、その間、天皇の譲位と新元号の制定、平和安全法制関連二法の成立、戦後七〇年談話などがありました。バトンを受け継いだ菅義偉政権は、携帯電話料金の値下げ指示等でスタートダッシュはよかったものの、その後の発信力不足が日に日に明らかになってきています。

本書は、国内では歴代最長政権が終焉し、世界では未知のウイルスが拡散する現代社会をどう理解したらよいのかを論じます。自明の前提だった自由と民主主義、成長主義、個人主義が壊れかけている。この時代をどう読むべきか。面倒かもしれませんが、まずはしばらくの間、時代診察につき合っていただきます。

そのうえで、新たな「令和日本のデザイン」を提言します。

様ざまな事件は確かにあるのです。しかし、その背後にある自己同一性の危機をしっかり見据えなければ、どのような気の利いた処方箋も、単なるその場しのぎの鎮痛薬に過ぎないことになってしまう。

安倍・菅政権を論じる際に、一見、難解な思想家の言葉を経由するのは、時代を立体的に見るためです。時代を俯瞰して、はじめて、「国家の尊厳」という大きな見取り図を描けるからです。以下、具体的な事例を掘りさげる作業に入りましょう。

国家の尊厳　目次

第一章　コロナ禍で対立した「二つの自由」

マイナンバー制度と人海戦術

新型コロナ禍をうけ、安倍政権が戦後初の緊急事態宣言を発令した前後、筆者は、自由と民主主義が再び問われていると考えていました。

自由や民主主義などという、古典的で手垢のついた問いに対して、私たちは普段、思想らしい思想を紡いでこなかった事実を突きつけられたと思ったのです。

具体的には、全国民に一人当たり一〇万円が支給される特別定額給付金について、自治体ごとの遅速の差が報道されました。遅速の理由は簡単で、オンライン申請をしたとしても、役所の職員はそのデータを紙に印刷し、住民基本台帳とにらめっこして確認し、時間を浪費していたからです。オンライン申請まではデジタル化できていた。でも、その先は驚くべき前時代的な人海戦術にゆだねられていた。

その背景には、平成二〇年九月、アメリカ大手証券会社の経営破綻にはじまる金融危機、いわゆるリーマン・ショックがあることを思い出さねばなりません。わが国はその対策として、一人あたり一万二〇〇〇円を支給する決定をしましたが、定額給付金の支給方法をめぐって大混乱を経験した。その反省からマイナンバー制度の導入に踏み切ったのでした。

にもかかわらず、コロナ禍前におけるマイナンバーカードの普及率は一〇パーセント台に留まっていて、前回の反省を全く生かすことができず、混乱の再現をもたらした。泥縄式の作業を必死でおこなう公務員の姿は、戦争末期に粗悪な飛行機を死に物狂いで生産し、竹槍《たけやり》戦術の練習に明け暮れた国民とおなじであると思います。アメリカが社会保障番号制度をつかい、二週間たらずで給付金を振り込んでいる時代に、わが日本は紙をめくる作業に忙殺されていたからです。

戦前の国民も、コロナ時代の公務員も、一人ひとりは異常なまでに頑張っている。でも力の使いどころを間違えたまま、行政組織の全体を変えずに公務員の自助努力を叫んでいたのは、あまりにも典型的な精神論でしょう。新たに誕生した菅義偉内閣の目玉政策が、デジタル庁の新設であり、また河野太郎氏を行政改革担当大臣にすえて、ハンコの廃止をぶちあげているのも、その反省に基づく組織改革だと思われます。

給付が遅々として進まない中で、マイナンバーと銀行口座の紐づけが検討された際、導入推進派にたいし判で押したように「国家によるプライバシーの侵害と個人資産の把握を警戒せよ」という議論がありました。この立場には、個人の権利を重んじ、国家権力からの監視や拘束を受けることを拒否したいという、戦後一貫した心理が作用している。つまり戦後日本人の常識、こういってよければ「戦後のアイデンティティー」ということになるでしょう。

しかし、この典型的な導入と批判の二項対立、政府＝善＝導入と政府＝悪＝警戒の図式に、私たちは正直、飽き飽きしているのではないでしょうか。

リーマン・ショックの際、マスコミを中心とする警戒の大合唱を前に、マイナンバー制度導入は中途半端に終わった。そのこと自体に問題があることは、今回同様の混乱に直面したので十分に分かっている。

にもかかわらず、またおなじ二項対立に言葉と紙面を割いている。何かを議論しているように見えて、それは議論ではなく、おなじ場所を堂々巡りして問題の直視を避けている。

いいかえれば、この図式では今、直面している自由とは何か、民主主義とは何かという問題を解くことができないのではないか。

以下、筆者が述べたいのは、新型コロナ禍とマイナンバー制度という具体的な問題を、思想や哲学を参考に論じてみたいということです。

自由をめぐる二つの問い

コロナ禍で顕著な損害を被ったのは、自営業と非正規雇用の人たちでしょう。外食するという生活スタイルが消滅した結果、居酒屋等の外食産業は瞬く間に窒息しました。酒の卸売業やおしぼりを納品している業者など、付随する産業への影響は甚大なものです。また、夜の街での飲食接待で働く人の多くは、給与は高いものの非正規雇用、つまり時給制で働いていました。最後まで自粛要請となるこうした分野には、さまざまな事情を抱えた男女が働いていることも多く、雇用の消滅は即座に生活危機に直結するはずです。

例えば、子供を三人抱えた単身の親がいると仮定しましょう。コロナ禍の影響の直撃を受けたばあい、親は職を失い収入のめどが立たずに在宅することを強いられる。一方、保育園には預けられず学校が休校では、子供たちは狭い家に閉じ込められる。想像しただけでも、閉塞感を覚えます。

親子双方がストレスを抱えたまま、二カ月以上収入がなく、またこれから先どうなるのかもわからない。四人家族は、家庭内暴力がいつ起きてもおかしくない状況に陥っているかもしれません。

もし仮に、この家族に緊急事態宣言や自粛要請から一週間足らずで、特別定額給付金が振り込まれたとしましょう。仕事を失った直後、自分の通帳に四〇万円の記載を見た時の安堵感は、金銭的な救いだけでなく精神面の安定をもたらすにちがいありません。四〇万円が、外出できず自宅に籠る子供を虐待から防ぐかもしれず、子供たちは待機時間をつぶすためのおもちゃを買ってもらえるかもしれない。

だとすれば、マイナンバーと銀行口座を紐づけすることは、非常事態が生じた際、もっとも弱い立場にある人たちの、経済面と精神面の「自由」を守ることにつながるのではないか。

つまり、新型コロナ禍が私たちに突きつけた課題とは、**「自由」をめぐる二つの困難な問い**なのです。

私たちは平穏な生活を淡々と続けられることを前提に、私権の侵害はもってのほかだといってきた。しかしそこで求める自由とは、平穏が瓦解し想定外の事態にさらされた際、都会の片隅で給付金四〇万円の支給を待つひとり親家族を、二カ月以上にわたり路頭に迷わせることを前提とした自由なのです。

私たちの目の前にあるのは、平時にあらゆる束縛を拒絶し、絶叫される自由と、非常時に即座に四〇万円を確保できたことで得られる「自由」ではないでしょうか。

この二つの自由が、今回、天秤にかけられた。

自由とは何かという問いが大事だというのは、以上のような論点を強調したかったからです。

モイセス・ナイム『権力の終焉』

ところで、平時において、なぜこれほどまでに私たちは私権を主張し、権力を嫌うのか。原因の一端は、戦後民主主義にあるでしょう。戦前、国家に多大な犠牲を供し敗戦を経験したわが国では、戦後、一貫して国家と民主主義を切り離し、国家権力と民主主義は対立するという図式で物事をとらえてきた。現在でも、一部左派的なメディアが紋切り型の政府批判をするのは、この図式がある意味わかりやすく時代を裁断する「ものさし」に使えるからでしょう。

しかしこの図式は、戦後日本という平時を解釈する際には有効だったとしても、コロナ禍のように、政治学者カール・シュミットのいう「例外状態」であっては、解釈の基準にはなりえません。弱者をどう救済すべきか、という問いを捨てるならともかく、危機的状態で最初に困窮する人に手を差し伸べるためには、自由のあり方をより柔軟に考える必要があるからです。

新しい生活様式とは、従来当たり前のように使っていた思考図式そのものが通用しなくなることを受け入れ、変化した風景にあわせて眼鏡の度数――このばあい、戦後民主主義という度数――を調整する作業を意味します。

しかしより重要なことは、こうした権力への嫌悪が、戦後日本だけの問題ではなく世界大の問題だということです。つまり筆者は、プライバシーの侵害を強調する私権論者にたいして、「それは戦後民主主義的なものの考え方で、だから左派メディアは駄目なんだよ。紋切り型の批判はもう通用しないよ」という国内批判だけでは、不十分だということに気づいた。

現代社会をより広い視野からとらえ、激動の渦中に日本もまたあることを把握しない限り、コロナ禍で顕在化した自由とは何か、民主主義とは何かという問いに、十分に答えることはできない。このように筆者は考えたのです。

その際、大いに参考になる書物があります。モイセス・ナイム著『権力の終焉』です。[2] 二〇一三年に書かれた本なので、コロナ禍以前ではありますが比較的最近書かれたといってよいでしょう。この本に描かれた世界こそ、現代日本を分析する際の手がかりを提供してくれるのです。

この書が注目されたのは、フェイスブックCEOであるマーク・ザッカーバーグが、二週間に一冊本を読むことを宣言した際、第一回目に選ばれた作品であることが大きい。著者のモイセス・ナイムはマサチューセッツ工科大学を卒業し、ベネズエラ開発相や世界銀行の理事などを歴任した才人であり、まさに権力の中枢を歩んできた人でした。その彼が『権力の終焉』というセンセーショナルなタイトルで主張したかったことは何だったのか。

「障壁の消滅」

彼はチェスのプレーヤーを具体例に説明を試みます。平凡な労働者階級に生まれた少年が、スーパーで買った安物のチェス・セットで遊んでいるうちに、弱冠一二歳できわめて名誉あるタイトルを手にしました。このチェス界を席巻した低年齢化は、現在では世界的な潮流であり驚くべきことではなくなりました。グランドマスターと呼ばれる最上位層のプレーヤーは、一九七二年には八八人しかいなかったのに、現在では一二〇〇人以上も存在します。新参者がトップ・プレーヤーの立場を襲うことも頻繁となり、一人の人間が最上位に君臨しつづけられる時間は、ますます短くなるばかりなのです。

原因の一端に、デジタル革命があることはいうまでもない。何百万という対局を、ゲームを使ってシミュレーションできることが、階級の上下や年齢の区別なく実力をあげるチャンスを提供するからです。

しかし、とナイムはいいます。

チェス界の激変は、それだけが原因ではない。より巨視的に見るならば、世界経済における貧困層の減少、都市部の人口が人類史はじまって以来、急速に増加したこと、また安価な旅行ができるようになったこと、こうした要素が都市部や世界中で開催されるトーナメントに参加する機会を増やし、一部の閉ざされた世界で、限られた人々に独占されてきたチェス界の風景を一変させたのです。

このチェス界の低年齢化という具体例から、**ナイムが注目したのが「障壁の消滅」という事態**でした。

確固たるチャンピオン、すなわち強力な権力が存在し、それに挑戦する複数の者たちがしのぎを削る。これが以前の社会構造でした。企業を例にすれば、以前は先進国に大企業が存在し、小国や発展途上国、地方はその存在を仰ぎ見て、影響を受けることで精いっぱいだった。

ところが現在、小国の無名企業が飛躍的な成長を遂げて、大企業が数十年をかけて蓄積してきた実績をあっという間に奪い去っていく。そして巨万の富を背景に、今度は老舗やグローバル企業や一流ブランドを買収して、丸々と太っていくわけです。

ナイムは、アメリカのトップ5の企業が五年間でその地位から転落する可能性は、一九八〇年には一〇パーセントにすぎなかったのが、二〇年後には二五パーセント、つまり四分の一の企業はその地位を五年間保つことさえ難しくなったと指摘しています。アメリカを象徴するビール「バドワイザー」のCEOは二〇〇八年にはブラジル人が就任し、世界最大の鉄鋼メーカーはそれ以前から、インド人の会社に吸収されていたのです。

巨大な権力は解体し、小さな力の多頭化が進んでしまう。これを「障壁の消滅」と呼んだわけです。

日本人には、チェスやバドワイザーの例は、遠い世界の出来事に見えるかもしれない。しかし同様の事態は、私たちの身の回りでも起きています。

例えば、巨大企業の典型である新聞社は、発行部数の低迷にあえいでいますが、その一方で、人気のあるツイッターのアカウントは、大手新聞社の発行部数に近い数のフォロワーを抱えており、たった一人で情報を流すことができる。その影響力はすさまじく、数千人規模で雇用をもち、情報を収集し発行している新聞が、ツイッターのフォロワー数が多く影響力のある一個人の発信力に左右され、ご意見番として紙面に登用している光景を私たちは目にしているわけです。

これもまた、「障壁の消滅」――ナイムの例でいえば、小国や発展途上国、地方の躍進――が急速にすすみ、大物食いをしている典型例だといえるでしょう。

しかもチェスの新チャンピオンは以前に比べ出入りが激しく、買収で巨大化した企業の延命時間もきわめて短い。これもまた同様に、ツイッターのフォロワー数が一〇〇万人単位でいる芸能人やジャーナリストも、入れ替わりのきわめて激しい世界です。

こうして従来、長年の蓄積によってつくりあげた巨大企業や集権的な権力が乗っ取られていくことを、モイセス・ナイムは「権力の終焉」と名づけ、現代社会を読み解くためのキーワードだと主張した。

「3M革命」とは何か

だがそれにしても、こうした権力の終焉が起きた原因は何なのでしょうか。デジタル革命や都市部への人口集中とはいうものの、こうした変化を呼び込んだ決定的な原因とは何なのでしょうか。また権力の終焉は、いったい私たちに何をもたらしてしまうのでしょうか。そもそも、良いことなのか悪いことなのか。

まず前者について、**ナイムは「3M革命」ということを主張します**。現代社会は、More（豊かさ）革命、Mobility（移動）革命、Mentality（意識）革命が原因で「障壁」つまり大企業や国家権力、それらが蓄積してきたノウハウを解体してしまう。

具体的に見てみましょう。まずは豊かさの革命です。

私たちは普段、アメリカ社会や日本を見て格差社会や二極化という言葉を口にします。確かに白人中間層が没落し、一部の人間に富が集中しているアメリカや、一億総中流と自称していた日本人がバブル崩壊後の平成いっぱいを低成長で過ごしてきたことは事実です。勝ち組と負け組、下流社会などの言葉は、現在でも現実味をもっています。

しかし世界全体を俯瞰したばあい、ここ半世紀の人類は急速に豊かさを享受し、爆発的に人口が増えた時代でもあった。一九五〇年から一〇〇年後の二〇五〇年、世界の人口は四倍に増加します。一九八〇年代から、中国では実に六億六〇〇〇万人もの人びとが貧困から抜けだした。グローバルに見渡した時、二〇二〇年には三〇億人が、中間層に組み込まれるようになった。

こうした急激な中間層の増加と平均余命にこそ注目しなければなりません。アラブの春をはじめとする民主化革命は、インターネットなどのテクノロジーの発達よりも、むしろ新中間層が、より豊かな人生を求めたことに原因があるからです。権力を握る政府は、急激な経済成長が生みだす新中間層の権利の主張に対応することができない。豊かさによって、政府という「障壁」が解体の危機に瀕するわけです。

第二が移動革命です。

現代社会はモノやカネだけでなく、何よりヒトの移動が激しさを増していった時代です。アメリカではヒスパニック系の人口が一九九〇年は二二〇〇万人だったのが、二〇一一年には五一〇〇万人に達し、全人口の六分の一を占めるまでになりました。その多くが都市に移動・流入したことにも注目しなければなりません。格安航空券の登場ひとつとっても、人びとは移動に困難を感じなくなったのです。

ここでも移民の国際的還流がイメージしにくいばあい、日本の東京一極集中を思いだすべきでしょう。新幹線の開通以来、東京は地方から人口を吸い取ってきましたが、九〇年代のデフレ不況以後も、地方の雇用が疲弊するなかで、都市部へ仕事を求めて若者たちの流入はつづいています。政府が都市部の大学の定員厳格化を求めたのも、一八歳人口が都市部へ移動し、地方の空洞化が起きることを防ぐための政策だったわけです。

ではこの移動革命が、権力にもたらす影響とは何か。

それはグローバルに移動する人びとをコントロールする機能を失う、ということです。例えば国家権力は、力の行使を国境の中でしか発揮できません。しかし移民たちは軽々と国境を越えて還流している。彼らの動きや経済的影響力を、一国で制限することは最早できない。ここでもまた「障壁の消滅」が起きているのです。

そして決定的なのが、最後の意識革命です。

全世界に登場した新中間層は、豊かさと移動手段を手に入れた。豊かさといっても日本人が想像するのとは、いささかズレていて、例えば中南米からアメリカに移住し、レストランの従業員として家族を養えるようになった。また中国であれば、海岸部の都市に出稼ぎしていたが、最近、家族を呼び寄せることができた。

こうした急成長した人びとが、ネットなどの情報網をつうじて、自分たちよりも多くの繁栄を享受し、自由を謳歌している他人を見ることになる。以前は知らなかった、より豊かな世界を知ってしまうわけです。以前は飯が食えるだけで満足していた人が、今度は日本人が食べているという秋刀魚《さんま》を食べてみたくなる。食べられないことが不満に思えてくる。こうした「同じ水準に達したい」という期待感と、それに政府の対応が追いつかず達成できないことからくる「疎外感」――つまりは嫉妬の感情――、これをナイムは意識革命だというのです。

「3M革命」がもたらす三つの危機

「3M革命」が何をもたらすのか。さらにナイムは、なぜこの変化にマイナスの評価をあたえているのでしょうか。

答えは次のようになります。権力の解体は、大きくわけて三つの危機的な状況を生みだしてしまう。

第一に、世界は無秩序化に陥るでしょう。たしかに巨大企業の解体と、新興企業の参入は、ベンチャー企業の躍進や業界に新しい風を吹き込むように見えます。規制緩和が新しい発想を生みだすはずだ、という日本でよく聞く論調も、この流れのなかにあります。

しかし規制緩和の負の側面にも注目せねばなりません。なぜなら複数の小さな勢力が登場し、既成権力を引きずりおろすことは、権力否定はできても新しい価値観で秩序をつくり、全体を統括するだけの「力」をもつことはできないからです。BCDそれぞれの主張をもつ者が、既存Aという権力を否定できたとしても、社会はBCDの三つの小権力同士の争いを生みだし安定できない。こうした状況を、ナイムは「いかなる決定も下されず、下されても遅きに失するか、骨抜きにされて無も同然になってしまう」と指摘します。[3] つまり無秩序しかもたらさないというのです。

第二に、大きな権力の終焉は、熟練の解体と知識の喪失をもたらします。権力が一元化し、確固とした地位を築きあげるためには、熟練した技能集団や知識の蓄積があってはじめて可能でした。しかし現在のように、情報から人間にいたるまで、急速に移動と変化をする時代では、時間の積み重なりが軽視されます。一時的な情報や運動によって、にわか仕立ての関係を作りだし離合集散をくりかえす。大きな権力が終焉することは、「物事を極端に単純化」する集団の登場を促すことになってしまうのです。

こうした権力の解体と無秩序、そして単純化がもたらすものとは何か。それが第三の危機、すなわち「軍事秩序の分散化」とナイムが呼ぶものです。

過激な暴力は、これまでであれば警察権力が一括して掌握し、社会秩序を維持するための手段としてきた。ところが「障壁の消滅」がおきると、暴力は分散し、離合集散をくりかえすだけで、秩序の再構築をするだけの能力も組織ももたない。海賊やテロリスト、民兵などの跋扈《ばっこ》する世界を、ナイムは具体例としてあげたうえで、次のように総括します。

重要なプレーヤーがそれぞれ他者のイニシアチブに拒否権を行使することができるものの、誰も自らの意思を他者に押しつける力は持っていない——権力の衰退の度がすぎると、国家の体制にとって危険であるのと同じくらい、国家の政治体制と社会やあらゆるコミュニティにとって、または家族にとってさえ、危険なのである。権力が抑制されすぎると、何も決められない状態になり、安定性、予見性、安全、物質的な繁栄が損なわれるのだ。[4]

「誰も自らの意思を他者に押しつける力は持っていない」という言葉が重要です。押しつけるという言葉に引きずられ、マイナスのイメージをもってはなりません。むしろナイムは、共同体の秩序はひとつの権力によってある程度統率されるべきこと、秩序ある社会では、多数派の意見が少数派からは「押しつけ」に見えたとしても、熟議ののちには尊重されるべきだといっているのです。

多頭化する権力、絶対化する私権

さて、このいささか大上段に構えた世界的な変化を念頭に、もう一度、日本社会に目を向けてみましょう。

そこには、ナイムの指摘にすっぽりと覆われた令和の日本が見えてくるのではないか。いや令和に入ってからだけではない。終戦以来、一貫した民主主義擁護の掛け声は、私権の制限を認めず、権力は縮小解体されるべきだという雰囲気を生みだしてきました。

リーマン・ショックの影響をうけて定額給付金の配布をめぐり混乱した際にも、わが国は制度改正を躊躇《ためら》い、マイナンバーカードの普及に失敗し今日をむかえたわけです。権力は強大であるどころか、銀行口座を紐づけすることにすら、強制力を発揮できませんでした。

また例えば、経済学者の土居丈朗氏によれば、低所得者にのみ定額給付をすればよい、という誰もが思いつく政策を、日本では行うことができません。なぜならわが国では、高額所得者と低額所得者を全体として把握している機関が、実はどこにもないからです。税務署は所得税をとってはいるものの、所得の全貌を把握しているわけではありません。五〇〇万円以下の所得についての情報を税務署は把握しておらず、またメルカリなどネット上の収入情報まで税務署が把握することはできません。また低所得者の情報は、税務署ではなく、住民税を課している市区町村が把握しているように思えますが、これまた約一〇〇万円以下の年金収入しかない人の個人情報を把握することはできないのです。[5]

つまり制度設計ひとつ見ても、戦後のわが国は中央集権的であるどころか、逆に情報集約が分散化し、ナイムのいう無秩序な状態にあるわけです。権力が一元化されず、多頭化している。

そこに自由をふりかざし、私権制限を警戒する論調が輪をかけた結果、今回のコロナ禍で、すみやかな現金給付を行うことができなかった。陣頭指揮をとる機関が政府にも地方自治体にもないまま、一気に非常事態に巻き込まれたのです。そしてデジタル化以前の手作業で、公務員は膨大な努力をかたむけ、疲弊していった……。

かくして、三人の子供を抱えるひとり親家族への四〇万円給付は、遅配を余儀なくされ、「自由」が奪われることになったわけだ。こうした事態こそ、「権力が抑制されすぎると、何も決められない状態になり、安定性、予見性、安全、物質的な繁栄が損なわれるのだ」というナイムの指摘の、日本版ではないでしょうか。

具体例を駆使した**ナイムの主張は、一言でいえば、相対化と無秩序への警告です**。

相対化とは、複数の価値観や権力が乱立し、自らこそは正義であると主張するカオス状態のことです。「障壁の消滅」とはそういう意味です。

と同時に、前時代の価値観の否定は、蓄積されてきた文化への敬意や歴史感覚を人びとから奪います。情緒的で一時的な情報に飛びつく傾向を現代社会はもってしまう。これが無秩序です。

完全な自由を求めた結果が、社会を逆に混乱に突き落とし、不自由で暴力的な状態を生みだす。国際レベルでは、警察権力の崩壊にともなう海賊やテロの跋扈、アメリカ国内では、コロナ禍での銃の買い占めとなって現出します。

わが日本においては、自粛警察と呼ばれる他者への誹謗中傷が起きてしまう。我こそは正義だという感情にとらわれた日本人が、バラバラな価値基準に基づき、警察官のようにわが物顔で正義を行使し、他者に警告を発するのです。

また政権批判の大合唱はあるが、自ら政権を担うだけの胆力のない野党やマスコミが、引きずりおろし民主主義に明け暮れ、混乱だけを引き起こしている。ナイムのいう熟練と知識の解体による「物事の単純化」は、わが国のばあい、ネット情報に左右されたトイレットペーパーの買い占めを引き起こしてしまう。人同士のつながり方、関係構築の手段がきわめて短時間で、気分的なものになっている。

自由と義務のジレンマ

ナイムの指摘した相対化と無秩序は、権力を拒絶し引きずりおろし、各人が絶対の自由を求めることに原因があります。

だとすれば、私たちが勘違いしているのは、人間には完全な自由が存在する、ということではないですか。豊かさ革命も、移動の自由も、意識革命も、要するに、「もっと欲しい！」という、自分が絶対的な自由を得られるという妄想です。それが収拾のつかない相対化を世界的規模でもたらしている。

しかし自由には必ず義務や拘束、すなわち制限が伴うはずです。

実際、欧米諸国の多くは、この自由と義務のジレンマを、完璧なまでに演じて見せたのです。新型コロナウイルスの感染拡大を阻止するための「ロックダウン」、すなわち強制措置のことです。自由と民主主義を掲げ、中国の独裁体制を全体主義と呼んで非難していた欧米各国がロックダウンをした。

この措置は、みずからが掲げてきた理念を自己否定する内容をふくんでいます。なぜなら国家権力による商業活動の禁止と移動の禁止、歓楽街での遊興の禁止は、まさしくナイムのいう「3M革命」の即時停止を意味しているからです。

豊かさを求める活動、世界中を飛行機で移動すること、他人と比較し、より自由を求める意識、これらすべてを国家が統一的な権力に基づいて瞬く間に制限した。憲法にさえ明記されている、移動の自由を欧米諸国は奪った。その様子は、中国の独裁体制に近い道を辿らねば、ウイルスによる破滅的な無秩序と混乱に対抗できないという事実を突きつけたのです。

ここには、自由と義務をめぐる高度な緊張関係がありました。欧米諸国のロックダウンには、「自由は無秩序にならない限りで保障されている」、という強いメッセージが込められていた。平時でないからこそ、自由とは何かという問いが顕在化したのです。

ところが、一方の日本はどうだったでしょうか。次章でくわしく見るように、ここでもわが国は日本流のあいまいさで逃げ切ろうとした。よくも悪くも、自由とは何かが真剣に問われることはなかったのです。

プライバシーを絶叫する自由と、非常時に弱者が飯を食い、虐待を防ぐための「自由」がある。

私たちはいずれかを選択せねばならない。

そして結局のところ、**自由と「自由」いずれを選ぶのかは、その国の国民の価値観、つまり文化や死生観に関わるものだ**と思うのです。

現在の日本国民は、非常時に多少の犠牲などお構いなく、弱者の困窮を見過ごしてもなお死守したいプライバシーを抱えているのでしょうか。あるいは逆に、私権の一部を供したとしても、身を寄せ合う四人家族が飯を食い、おもちゃを買い、泣き声ではなく笑い声が聞こえてくる光景の方を望むのか。

筆者自身は後者のような「自由」に基づく死生観をもった人間でありたいと思います。すなわち、人間には「絶対的な自由」などありえないということ、自らが生きる時代と場所（国家）という制約を受け入れざるをえない、ということに私たちは気づくべきなのです。

第二章　私たちは世界に素手で触れたい

野党とメディアの視野狭窄

戦後初の緊急事態宣言発令さなかの四月末、筆者はBSフジ「プライムニュース」というテレビ番組に出演しました。安倍政権下での一連のコロナ対応について意見を聞かれた際、筆者は、「目下、日本は『新しい民主主義』を試みている最中です。野党もマスコミも現状を把握できていません」という趣旨の発言をしました。

例えば、四月七日から一カ月の期間限定で発令された緊急事態宣言にたいし、意外にも、リベラル左派やマスコミがこぞって対応の遅さを批判したことがあります。「意外にも」と述べたのは、通常、国家権力に警戒的なリベラル左派やマスコミは、権力の行使に限定的な態度をとるはずだからです。

『権力の終焉』でモイセス・ナイムが強調した相対化と無秩序とは、既存の権力を引きずりおろし、自由を求めることを指しています。わが国のばあい、権力を行使して国民を統制する緊急事態宣言は、野党がもっとも嫌うはずの政策です。

事実、野党は先立つ二カ月あまり、緊急事態宣言の発令に警戒感をしめしていたのです。危機管理に詳しい日本大学教授・福田充氏によれば、新型コロナウイルスにたいし、日本政府がすべき最重要政策は、次の二つの法的対策のうち、どちらを選択して事態にあたるかにありました。

具体的には、新型コロナウイルスを「指定感染症」にして感染症法で対応する法的措置と、もう一つが新たに「新感染症」に指定し、新型インフルエンザ等対策特別措置法で対処するアプローチです。後者は緊急事態宣言の発令を可能とすることで外出自粛や学校の休校、イベント中止を要請できるなど、きわめて私権の制限が強い法律です。

一月の時点で、野党やメディアがこぞって「国家権力による私権制限を認めない」と圧力をかけた結果、二月の時点では感染症法による対策をとりました。その後、危機感を強めた安倍首相は、三月になって野党党首とのリレー会談をおこなった。新型インフルエンザ等対策特別措置法で新型コロナウイルスに対応できるように法改正が進み、四月の緊急事態宣言の発令となったわけです。6

問題は、この特措法が、実は二〇一二年に当時の民主党政権によって成立していたことです。にもかかわらず、「私権制限」というマジックワードの前で効果的な使用ができなかった。これが事態の悪化を招いた一面があることは否定できません。

つまり今回のパンデミックが起きてからの三カ月、野党とマスコミは緊急事態宣言をめぐり、正反対の主張をしたことになります。安倍政権を批判することそれ自体に関心が集中し、近視眼的になっていた。近視眼的とは、自分が何をいっているのかについて、論理的一貫性を欠いていることを意味します。視野狭窄《きょうさく》に陥っているのです。

リベラル左派が自己主張を一貫するためには、「安倍政権は、私権制限の恐れのある緊急事態宣言をだすべきではない」と断固、いいつづけるべきでした。四月に入り、権力をけん制する側が、積極的に権力行使を要望している奇妙な光景を、私たちは目撃していたわけです。

ですから、筆者がテレビ番組で「目下、日本は『新しい民主主義』を試みている最中」と述べたのには、もう少し深い意味を込めており、また一貫性があります。この発言には二つの意図があって、一つは戦後民主主義を意識し、もう一つは国際的な視野から、昨今のポピュリズム現象を念頭において述べたものです。二つの意味の説明をすることから、始めたいと思います。

「戦後民主主義」と「新しい民主主義」

安倍政権の発した緊急事態宣言と、「新しい民主主義」がどのような関係にあるのか。まず筆者の念頭にあったのは、**従来の日本型民主主義、いいかえれば戦後民主主義的なものの考え方**のことでした。その典型的な事例を、今から半世紀以上前の一九六〇年に求めることができます。

周知のように、この年は安倍晋三元首相の祖父にあたる岸信介内閣のもとで、日米安全保障条約改定をめぐる強行採決がなされた年です。日米同盟の対等化をめざす岸政権にたいし、当初の外交問題、すなわち「反米愛国」から国内の「民主主義擁護」に争点を変化させ、多くの市民を巻き込んだ政権打倒運動へと拡大していきました。

その首謀者の一人に、中国文学者の竹内好がいます。政治思想史が専門の丸山眞男と並び、同時代の学生に大きな影響力をもった知識人の一人でした。その竹内が、強行採決の行われた五月一九日以降、ファシズムの進行がとまらないと断定し、批判した評論に「民主か独裁か」があります。

そこで竹内は、民主か独裁か、これが今回の強行採決の最大の争点であり、中間はあり得ないといっています。安保闘争は日米の外交問題でなく、日本国内の民主主義の危機であり、民主主義がファシズムに対抗することが、今、もっとも注目すべき論点だというのです。

警察権力や自衛隊は治安維持を強化し、国際協力もとりつけたうえで独裁体制が完成しようとしている。ところが、社会党や共産党などの野党は、抵抗に完全に失敗している。対抗策は「天才的指導者の出現」によるストライキの敢行によって、民主主義の再建を目指すしかないと竹内はいうのです。[7]

筆者などから見ると、天才的カリスマの出現に民主主義の再建を期待するなど、ほとんどポピュリズムを礼賛しているようにしか見えないのですが、彼には彼なりの思いがあった。竹内の民主主義イメージの背景には、当時の新興アジア諸国のナショナリズムを意識した面があるからです。

竹内の言葉を用いれば、ナショナリズムには「革命的」なものと「反革命的」な二種類が存在し、前者のみが「よいナショナリズム」なのです。

西洋化を急ぐ国家権力が「上から」の近代化を推し進めるばあい、そのナショナリズムは近代主義であり、市民生活のリズムを破壊し、犠牲にし、反革命的にならざるを得ない。一方で市井の人びとが、国家権力が推し進める近代化に反抗し、「下から」の革命として立ち上げるナショナリズムは肯定すべきであり、民主主義の萌芽だというわけです。[8]

ここには、戦後民主主義的な思考パターンの典型があります。国家と民主主義を対立的にとらえ、批判することをヨシとする。国家批判＝民主主義＝革命＝善という図式、これこそが「戦後のアイデンティティー」であり、リベラル派のあるべき姿だといえるでしょう。

竹内のばあい、肯定的なナショナリズムは、当時の中国をはじめとするアジアの発展途上国でした。戦前の日本は、政府主導の上からの近代化を推し進め、器用に国民国家をつくった。しかし帝国主義的膨張を防げず「悪いナショナリズム」であった。一方の中国には、民衆から立ち上がってくる、下からの健全なナショナリズムがあるというわけです。不器用な民主主義こそが、竹内の提案する理想のナショナリズムでした。

丸山眞男の限界

このアジアvs.日本という比較図式を、西洋vs.日本にして戦後民主主義を擁護したのが、丸山眞男です。実際の丸山はもう少し複雑な思想の持主でしたが、それでも西洋型の民主主義社会を模範とみなし、対比することで日本の前近代性を批判する態度は否定できません。

丸山のばあい、竹内と比較する対象国こそ異なっていたものの、安保改定の際、竹内と同様に「選択のとき」や「八・一五と五・一九」などの時事評論を書き、民主主義を権力vs.反権力の図式で評価した。[9]

例えば、一九六〇年八月号『みすず』に掲載された小論「選択のとき」で、丸山は大要、次のように述べています。

私は安保の問題は、あの夜を境として全く質的に異なる段階に入ったと考えている。私たちの考え方と行動の出発点は、あの夜の前後に設定すべきである。岸信介政権の暴挙以前には、新安保条約反対とはいっても、様々な立場の違いがあった。しかし、警察を導入してまで行われた強行採決は、あらゆる立場を超えて、問題を著しく「単純化」してしまった。たとえ安保改定に賛成した人でも、あの汚点を日本政治史から「抹殺」するためには、私たちと立ち上がらねばならないはずである。

また、私と同じく安保反対を口にしてきた人が、岸政権の蛮行を許したとすれば、もう二度と、民主主義や法の尊重を口にする資格はないだろう。戦後ばらばらに登場してきた政治問題、たとえば護憲問題や基地問題が抱える構造的課題が、今回の強行採決によって一気に凝集し顕在化したと言えるだろう――「もう一度申します。事態はいちじるしく単純化されました」。

以上の丸山の主張を紹介したのは、民主主義擁護の語調を感じてもらうためだけではありません。

令和の日本では、政権や自民党への批判や支持率の低下が起きますが、だからといって野党の支持率は全く上昇しない。これはかつて、丸山が声を大にして論じている政治問題、それ自体が、現在の日本国民にとって関心を引かないことを意味しています。若者の関心は、外交や防衛よりも、企業や外資系コンサルへの就職、あるいはグローバル企業で世界的に活躍するIT関連の仕事へと向いてしまっている。

にもかかわらず、マスコミや知識人が丸山や竹内好型の問題意識を無条件に前提し、おなじスタイルの批判を政権に投げつけている限り、令和の日本を正しく分析できていないことになる。この点を強調したくて、竹内や丸山を引用しているのです。

かくして今日にいたるまで、「竹内図式」はきわめて大きな影響力を発揮してきました。**民主主義とは何かと問われれば、権力を批判すること**であり、権力を拘束することが立憲主義だということになった。

批判対象の権力は、安倍政権だけに限りません。財務省の官僚トップの性的不祥事であれ、芸能人の痴話であれ、なにがしかの「力」をもっていると思われる人たちがやり玉にあげられ、善良な市民の正義感によって裁かれる。情緒的な正しさが権力を叩く現状は、堕落した民主主義の結果だと筆者は思います。

以上の民主主義擁護派にたいし、一方で、批判的な少数の保守主義者も存在してきました。彼らのばあい、市民の能力を無条件に肯定するリベラル派の善意の民主主義を否定し、竹内図式を転倒させようとしました。市民ではなく、大衆という言葉を用いてその衆愚性を指弾し、戦後民主主義への警戒感を強調してきたわけです。

しかし戦後、わが国論壇を席捲した民主主義をめぐる保革の構図は、新型コロナ禍では通用しないというのが、筆者の直感でした。野党やマスコミはその変化に気づかずに、相変わらずの図式で政権批判を繰り返している。それがテレビ番組での「新しい民主主義」という発言につながったわけです。

「戦後のアイデンティティー」の危機

では改めて、どういう意味なのか。

それは緊急事態宣言の発令が、いささか奇妙な言葉とともに使われた点にありました。宣言は外出制限や飲食業の営業時間短縮を求めるものであるにもかかわらず、発令とほぼ同時に、「あくまでもお願いであり、要請であり、強制ではない」ことが、首相や都知事本人の口から何度も強調されたことに象徴されています。まるで「いやいや、私たち権力主体は、私権を冒すつもりなどまったくありません」と最初から条件を付けてきたのです。

これは「民主主義とは何か」を考える際、決定的に重要な論点です。なぜならわが国権力のトップが、非常事態にたいして、秩序維持の最終責任を国民の自助努力に任せたと告白しているからです。

考えてもみてください。従来の「竹内図式」、すなわち「戦後のアイデンティティー」の基本的な考え方は、まず国家権力の存在を前提とし、その強権に対抗するエネルギーを糧《かて》にして民主主義の重要性を強調していた。国家vs.市民という対立図式があり、抵抗や闘争という言葉に象徴されるように、両者の対立は基本前提だったのです。ところが、安倍首相や小池東京都知事らの発した緊急事態宣言は、この図式から完全に外れている。非常事態の収拾の最終責任者の立場を放棄し、強圧的な指示命令はもちろん、強制力も一切行使しないと明言したのです。

全世界を覆いつくすパンデミックにたいし、各国は法的措置を講じ、罰金や懲罰をふくめ、非常にわかりやすい国家権力の行使に踏み切った。一方でわが国は、こうした措置をとらなかった。事態の収拾は国家の責任ではなく、一人ひとりの自助努力に、最終判断はゆだねられることになった。

これは次のような意味で、まったく「新しい民主主義」です。

まずは、従来の戦後民主主義の「ものさし」では批判も評価もできない状況に日本人が直面したということです。大げさにいえば戦後はじめて、安倍首相は、国家存亡の危機を、国民一人ひとりの努力にまかせた。民主主義の成否とウイルスの克服は、私たち自身の行動如何《いかん》に全責任がかかっていたのです。

居酒屋店長の嘆き

この事態の異様さを教えてくれたのは、ある居酒屋の店長です。彼はテレビの取材で皮肉交じりに、「店は開けてもいいけど、客は来るなという正反対のことを政府はいっている。閉めるなら閉めろと命令してほしい」と困惑した表情を浮かべていました。緊急事態宣言がでたとはいえ、あくまでも「要請」のみで乗り切ろうとする戦後初の試みは、やはり、新しい民主主義の試みということができる。

もう一つの新しさは、ここでもモイセス・ナイムの『権力の終焉』にかかわります。令和の日本ほど、ナイムの現代社会論に当てはまる国もないと思ったのです。安倍政権は強権どころではない、「権力の分散化と多頭化」は国民一人ひとりのレベルにまでおよび、正しい行動の基準は、バラバラの自主判断によるとされた。大混乱をもたらさなかったのは、恐らく日本人の同調圧力の強さによるものでしょう。命令されずとも、自主的にマスクをするような国民性だからこそ、「権力の終焉」にもかかわらず、日本は無秩序に陥らずにすんだものと思われます。

ここから、筆者がテレビ番組で「目下、日本は『新しい民主主義』を試みている最中」と述べた第一の意図を明らかにできます。

新型コロナウイルスは、戦後民主主義という「ものさし」では理解できない事態を生んでいます。戦後一貫して私たちを支配してきた価値基準、支配者vs.被支配者という「戦後のアイデンティティー」はもはや通用しない。リベラル派の紋切り型の主張が意味をなさないとすれば、それを批判することを生業《なりわい》としてきた保守の側にも限界がきている。衆愚批判をしているだけでは、現実をとらえられないのです。

本書冒頭の言葉でいえば、私たちは深刻な自己同一性の危機、「自分らしさ」の混乱に陥っている。店を開けつづけるかどうか、そこへ行くかどうか、すべての自主判断を求められる私たちは、戦後はじめて、権力批判とは無関係にバラバラなまま判断を求められている。

だとすれば、今求められているのは「令和日本のデザイン」ではないでしょうか。「竹内図式」では対処不可能な現実に、どう対処すればよいのか。

政治家よりもYouTuber

ところで、新型コロナウイルスと民主主義の関係を考える際、もう一つ考慮すべきことがあります。加速度的に進んでいるグローバル化についてです。「戦後」民主主義という国内の視点ではなく、国境を軽々と越えるグローバル化を念頭に、民主主義について考えねばならない。

そのためのヒントを、宇野常寛氏の近著『遅いインターネット』はあたえてくれます。[10] この著作を参照すると、次のようになります。

今、世界をもっとも力強く変化させているのは、情報資本主義です。GAFAと呼ばれるアメリカ西海岸の巨大情報産業は、革新的な情報商品をグローバルに提供することで、世界中の人間関係を一瞬で、しかも劇的に変えることに成功しています。

ひと昔前まで、私たちは旅行をする際、カメラはもったか、携帯電話はもったか、時計はしたか、現地の地図は忘れてないか、最後にお金は十分かなど、持ち物の準備に追われていました。しかしスマートフォンの出現は、こうした旅行風景を根底から変えてしまった。あらゆる機能は、たった一つの商品に集約され掌《てのひら》の中に納まってしまったのです。もう現地でカバンの中を手探りし、カメラや地図を探す必要はなくなりました。

情報革命は、民主主義に最初の変化を引き起こします。

民主主義の象徴が選挙の投票行動だとすれば、民主主義とはせいぜいのところ、国民国家の内部にしか変化を起こせない。しかも一有権者にすぎない人びとにとって、自分の投票行動が、実際に、自分が所属している国家を変えることに関わっている実感が湧きにくい。宇野氏は「**世界に素手で触れている**」という言葉を用いて、社会に自分が関われている実感、人間関係に自分が参与できている感覚を表現しています。社会関係の一部にみずからが参加しており、一定の役割を担い、他者からの賞賛や承認を得られる。この感覚こそアイデンティティーにほかなりません。

つまり、情報革命の渦中である現在、私たちのアイデンティティーは、社会革命や政治運動では満たされないというのです。

これはとりわけ、若者の行動に顕著です。

若者たちは政治家を目指すよりも、また社会革命のためのデモに参加するよりも、小規模な起業に魅力を感じています。パソコン一つあれば、小さな喫茶店の中から、世界規模の影響力をもつことができるかもしれない。YouTuberになれば、無名の若者がある日突然、人びとの注目を集め、名声と莫大な収入を得られるかもしれない。自分自身がイノベーティブな商品の一つになることができるのです。

こうした変化を、先の「竹内図式」と『権力の終焉』と比較してみてください。

一九六〇年代までの若者にとって、世界を変えるとは政治革命を起こすことであり、デモに参加し、国家権力と対峙することが生きる意味を提供してくれた。世界に素手で触れている感覚を覚えることができた。しかし、ナイムが指摘したように権力が分散し、多頭化した現代では、若者たちは各人のパソコンの中に閉じこもり、バラバラのまま世界変革を目指しているのです。

日本国内での竹内図式＝戦後民主主義の終焉は、実は、グローバルな情報産業の変化に影響を受けている。現代社会は、一見したところ、国境や民主主義への興味を急速に失っていく社会であり、グローバル資本主義に、人びとの関心は集中していくように見える。

「Anywhere」と「Somewhere」

ところが事柄はそう単純ではありません。情報産業のグローバルな展開は、民主主義にもう一つの変化を引き起こしているからです。

アメリカ社会を念頭に宇野氏が指摘する「Anywhere」な人びとと、「Somewhere」な人びとという概念こそ、現代民主主義の本当の病理をすっきりと説明してくれると思います。

前者「Anywhere」は「どこでも」と訳せることから分かるように、世界中を仕事場とする人間のことであり、境界のない世界を主戦場とする人びとです。GAFAに就職し、国際線の飛行機を駆使して世界中を移動し、駆け巡る。国際色豊かな英語の飛び交う職場で仕事をする様子を、想像するとよいでしょう。

こうした巨大企業に就職した人以外にも、ネット環境を利用して、街角のカフェで、あるいはシェアオフィスで起業している若者も、同種の存在でしょう。仕事場も仕事相手も、場所を選ばないからです。

このシリコンバレーに代表されるアメリカ・イメージは、しかしアメリカの一側面を強調したものにすぎません。アメリカにはもう一つの深刻な現実があります。それが圧倒的多数を占める「Somewhere」な人たちです。彼らは境界内部で生きる人間たちであり、その国や地域に留まり場所の変化と運命をともにする人びとです。

具体的には、一九七〇年代までのアメリカでは、自動車産業に代表される製造業が国の基幹産業でした。地元の工場に勤め、家を購入し家族と安定した生活を手に入れることが、ささやかなアメリカン・ドリームでした。

しかし八〇年代に入り、地元の工場がメキシコなど中南米に移転したこと、さらに中南米の移民がアメリカ国内に激増したこと、この二重苦によって白人中間層は決定的に没落していきます。ささやかな幸せは奪われ、親世代よりも貧困になることを若者世代は引き受けねばならなかった。

ＧＡＦＡの躍動するアメリカ・イメージの水面下で進行した白人中間層の徹底的な没落。情報産業の成功の恩恵に与れた少数者だけが、莫大な富を獲得し、多くのアメリカ人は貧困層へと転落している――これが現代アメリカ社会の実態でもあるのです。成功を約束された「Anywhere」な人びとと、転落を宿命づけられた「Somewhere」な人びとが、二極化しつつアメリカ社会には犇《ひし》めいている。

不安な人びとのカリスマ

ここに先に筆者が、「しかし事柄はそう単純ではない」といい、「現代社会は、一見したところ、国境や民主主義への興味を急速に失う社会であり、グローバル資本主義に、人びとの関心は集中していくように見える」と留保をつけた理由があります。

情報産業の波に乗る成功者にとっては、確かに民主主義は興味の対象から外れる。まったく別の方法で「世界に素手で触れている」という実感が得られるからです。

一方で、地域に根づき、地元工場の海外移転と運命をともにした人たちは、別の方法によって心の拠り所をつくる必要があったのです。飛行機で移動もせず、国際色豊かな職場環境とも無縁な人たちが、それでもなお、自分の生きる意味を感じ、**人間関係の一部として役割を果たしていると実感**するにはどうすればよいのか。自分らしさ、アイデンティティーを確認できるのか。

宇野氏の次の発言こそ、民主主義のもう一つの側面を教えてくれるのです。

20世紀的な旧い（境界のある）世界に取り残されていると感じている大半の「Somewhere」な人々にとって、グローバルな市場を通じて世界に素手で触れることはとても難しい。しかし、この1票を投じてローカルな政治を変えられると信じることはできる。そして、そうすることで——それが世界に素手で触れることだと信じることで——まだ経済ではなく政治が、市場ではなく国家が世界の頂点だった旧い世界が終わりを告げていないことを信じることができる。

かくして、民主主義のグローバル資本主義に対する抵抗としてトランプは当選し、ブレグジットは成立した。[11]

最後の一文がきわめて重要です。

確かに現在、情報産業の革命的な進化によって、世界はグローバル化している。しかし民主主義とは何かという点に注目すれば、「三つの異なる顔をもつ民主主義」があることが分かってくる。

第一に、政治変革のための民主主義。

日本のばあい「竹内図式」型の民主主義であり、人びとに生きがいを提供したのは、国内の反権力運動であり反戦運動でした。この第一の民主主義の耐用年数は一九六〇年代まででした。権力の解体と引きずりおろしの気分だけが、次世代にまで残されました。

その後、グローバル化の渦中で旧来の民主主義は急速に関心を失っていきます。「世界に素手で触れている」実感は、二〇〇〇年代以降に発展した情報産業にのめりこむことで得られるようになっていきます。第二の民主主義とはこれを指しています。

そして第三の民主主義が同時に顔をだす。

ここではグローバル化の恩恵とは無縁の人びとが主人公となって、ふたたび民主主義に生きる意味を見いだすことになるわけです。

問題は、第三の民主主義が、トランプ大統領のような過激なポピュリストを誕生させてしまうことにあります。グローバル化の反動として、極端に内向きの政策を絶叫し、熱狂的な支持をとりつける政権の誕生を、民主主義が後押ししてしまったのです。

ナイムが『権力の終焉』の中で掲げた現代社会の特徴の一つに、「熟練の解体と知識の喪失」がありました。[12] 時間の積み重なりによってつくられた権力を解体し、人びとからは時間感覚が奪われ、文化の厚みや歴史への敬意が失われた。そして確かに情報産業の発展は、大量のフェイクニュースを撒《ま》き散らすことで歴史の喪失に一役買い、世論は一喜一憂をくり返しています。短時間で世論調査の支持率が乱高下するのも、現代の時短を象徴しているといえるでしょう。

情報社会は、グローバル世界全体に影響力をあたえ、「変革」している感触をもつエリート層を生み出す一方、それとは無関係の多くの人々を生み出した。

結果、無関係な人々、宇野氏のいう「Somewhere」な人びとは、国内変革にのみかかわりのある民主主義にふたたび回帰した。しかしその回帰は、民主主義をポピュリズムという一時的、情緒的なものへと変えてしまった。一例がトランプ大統領の登場であり、ブレグジットなのです。ソーシャルメディアもまたポピュリズムを助長し、不安定な民主主義を生み出すことに加担してしまった。

トランプ大統領の登場は、決してナイムが理想とする「権力」の復活ではなかった。逆に健全な権力の解体が進んでしまったため、生の実感をもてず、不安に駆られた人びとが選んだカリスマが、トランプだったのです。

民主主義は今、確実に、無関心と過激化の隘路に陥ってしまっている。

攻撃性と「遅さ」への嫌悪

竹内図式とトランプ現象の民主主義に共通しているものは何か。

それは攻撃性と「遅さ」への嫌悪です。

権力＝悪 vs. 市民＝善という漠然とした気分から、安倍政権を攻撃した野党とマスコミは、ナイムが指摘する権力の引きずりおろしに加担しています。

この章の冒頭で、「私権の制限」をめぐり緊急事態宣言の発令が遅れた事実を指摘しましたが、彼らは自由を金科玉条とするあまり敵対的になり、攻撃性を強めてしまうわけです。またトランプ現象のばあい、移民やグローバルエリートを蔑視し、過激な発言に酔いしれることに生きる意味を感じた。結果的に民主主義をポピュリズムへと堕落させた。

とりわけ重要なのは、彼らの攻撃性が「遅さ」を嫌うことにあった。情報社会化した現代では、大衆の気分は一時的情緒的な情報に一喜一憂し、攻撃性は時短性と結びついています。

攻撃性と「遅さ」への嫌悪が、アイデンティティーになっている。

安倍政権が緊急事態宣言発令に踏み切る直前、慎重には慎重を期していたことを思い出してください。三月にはいり、ここ一、二週間が感染爆発の瀬戸際だという局面においてなお、安倍首相は各党党首と会談をおこなった。法改正の許可をお願いしていたのです。これは諸外国の強制措置の即時断行と比べても、日本政府の対応は恐ろしく「遅い」ものでした。

しかし、それは本当に悪いことなのか。安倍政権の怠慢だったのでしょうか。

つまりこの時、私たちは矛盾する二つの問いの前に立たされています。

健全な自由と民主主義にとって、丁寧に時間をかけることは極めて重要です。しかし一方で「例外状態」のばあい、「遅い」判断は致命的なミスとなり、大量の死者と社会混乱をもたらしかねない。だとすれば、非常事態を前にして、私たちは時間の遅速をどうとらえたらよいでしょうか。

自由と民主主義を守ることが大事なのか、あるいはそれは手段にすぎず、人間の生命を守るためにはより大切なことがあるのか。「目下、日本は『新しい民主主義』を試みている最中です」という言葉の意味は、この問題を解くことではじめて明瞭となるのです。

非常事態とシュミット「例外状態」

その際、参考となる時代があり思想家がいます。第一次大戦後に登場したカール・シュミットの思想です。シュミットは、「例外状態」や「主権」といった概念に独自の定義をあたえた法哲学者であり、政治とは「友と敵」を峻別することだという有名な定義をした人物です。彼は以下にみるように、自由と民主主義にかんしても独特の定義をくだしています。

歴史に彼の名が残った理由は、ヒトラーの知的参謀としてファシズム体制擁護の理論的支柱を提供したことにあるでしょう。第二次大戦後も生き延びたシュミットは毀誉褒《きよほう》貶《へん》に晒されましたが、現在でも多くの研究者を魅了している思想家なのです。

シュミットの特徴は、**自由主義と民主主義をわけて考えるべき**だと主張した点にあります。

今から一〇〇年前の一九一九年に成立したワイマール体制は、第一次大戦と第二次大戦の戦間期ドイツの政治体制でした。「決められない政治」といわれ、政治的優柔不断をくり返したワイマール体制はその後瓦解し、ファシズム体制に転換していきます。シュミットの目の前には、孤独を抱え、一貫した生きる原理を持たず、断片的な情報に一喜一憂する「大衆」の姿がありました。そこでの「議会主義の状況は、今日、きわめて危機的であり、それは、現代大衆民主主義の発展が、論拠にもとづく公開の討論を空虚な形式にしてしまったからである」という状態でした。[13]

ここからシュミットは、堕落した議会主義は、自由主義的なのだと主張します。議会では政治的な問題が、あたかも重要な事柄として自由に討論されているように見える。しかし実際は、彼らは饒舌なおしゃべりに明け暮れているだけであり、社交的な言葉の戯れがあるにすぎない。さまざまな価値観のあいだに優劣をつけず、一つの議題について結論をくだすことができない会話が続くのです。

つまり自由主義とは、意見の多様性の尊重に見えるが、実際は何ら決定することができない状態を指しています。多様性が多様性のままでは、政策を実行できないからです。[14]

では政治本来の姿とは何か。シュミットの考える政治とは「決断」にほかなりません。自由な討論とおしゃべりは平時であればそれもよいでしょう。しかし非常事態、戦争などの「例外状態」に直面した時、私たちは決断することを強いられます。即断即決しなければ、死に直面するからです。[15]

例えば、東日本大震災当時の状況を思い出してください。

地震直後から津波が襲来するまでに三〇分の時間がありましたが、ある小学校では校庭に全員を集合させ、どのような行動をとるのかについて延々「討論」が行われていたのです。その結果、大変不幸なことに多くの犠牲者を出すことを余儀なくされました。また「津波てんでんこ」という言葉が当時、しきりにいわれましたが、意味するところは非常事態の時には集団討議をひとまず置いて自分の身の安全を第一に逃げること、つまり生死を分けるのは自身による「決断」のみだということです。

日本人にとって身近なこの事例からも、シュミットの自由主義批判を、単なる自由の抑圧であると批判できないことが分かるでしょう。

第二次大戦へと突き進むキナ臭い時代に、ワイマール議会はおしゃべりに明け暮れ立法できず、政治は停滞を極めている。だがそれで本当によいのか。津波から避難するための行動同様、ある一定の方向性への決断が必要なのではないか。「討論の対極は、独裁である。いかなるばあいにも極端な事例を想定し、最後の審判を期待する、ということが……決定主義には含まれている」。[16]

異質なものの排除と殲滅

今日の常識からすると意外なのは、シュミットが独裁と民主主義を結びつけていることです。自由なおしゃべりにまで堕落した議会主義と、それを支持する大衆民主主義は、本来の民主主義の姿ではありません。民主主義とは、何よりも同質性を特徴とし、異質なものの排除と殲滅がつきものなのだとシュミットはいいます。

つまり民主主義は、多様な意見を集約し、多数決によって一つの政治的決断にまでもっていく行動のことを指すのです。決断と民主主義が結びつく理由がここにあります。そして非常時において最終決断をくだせる者は一人である以上、ここに「委任独裁」が肯定的に出てくるわけです。独裁と聞けば否定的なニュアンスを感じられますが、リーダーシップと訳した途端、そのイメージは変わるのではないでしょうか。

ここに、現代民主主義を読み解くためのヒントがあります。

新型コロナウイルスで、ヨーロッパ諸国が相次いでおこなったロックダウンは、シュミットのいう決断に相当するものでしょう。人々の行動に法的拘束力をもつ制限を加える。その権限が大統領や首相に集約されている状態は、まさしく委任独裁のようにも見え、シュミットからすれば民主主義本来の姿とさえいえるかもしれません。

一方のわが日本においては、どうでしょうか。

緊急事態宣言発令のための法改正を、野党との党首会談でくり返し「お願い」することで成立させた。本来であれば一月中に発令できた緊急事態宣言は、四月にまでずれ込むことになったのです。

私たちは、この「遅さ」にこそ注目しなければなりません。シュミットの言葉でいえば、この時、日本人は民主主義の決断よりも自由主義の討論の方を選択していたことになります。問題は、コロナ禍という「例外状態」において、シュミットの「決断」の方が正しいのか、日本政府の自由主義的対応の方が正しいのか、判断が極めて難しいという事実です。時間の遅速に着目すれば、欧米諸国がとったロックダウンは「速さ」を求め、日本政府は「遅さ」を選択したことになる。

そして「速さ」すなわち即効性の優等生が中国であり、西欧諸国は自らが築きあげてきた自由と多様性尊重の価値観を、今回、放棄したともいえるのです。近年の中国の政治的台頭は、従来の欧米型の価値観に、中国型の国家体制が挑戦してくることを意味します。

欧米の自由と民主主義の価値観を近代主義と呼ぶとすれば、中国が目指しているのは政治体制と国際秩序における「近代の超克」なのであり、ポスト・コロナの世界は、ますますシュミットのいう決断と独裁をヨシとする世界に変わるかもしれないのです。

多様な意見の殲滅を説くシュミット型民主主義は、きわめて攻撃的です。攻撃性と即効性を強調するシュミットは、まさしく現在の情報化社会に適合的な思想でもあるわけです。

トランプ大統領が、ツイッターの短文で敵対的発言をくり返したのは、攻撃性と時短性をあわせもっていたことを意味する。

安倍政権への批判もまた、政権の対応の「遅さ」を指弾するものばかりでした。もちろん、全国一律の特別定額給付金遅配問題の原因が、わが国のデジタル化の遅れにあるなど、構造的課題を含んでいることは事実です。しかし一方で、わが国の対応の「遅さ」の原因は、今回の非常事態においてなお、平時の自由主義的対応を取り続けたことにあるというのが本質的な原因だと思うのです。

独裁ですらなかった安倍政権

シュミットの自由主義と民主主義についての評価と、東日本大震災の極限状況を知った私たちは、簡単に「遅さ」を否定も肯定もできるものではない。少なくともいえるのは、安倍政権をそう簡単に独裁体制だなどと批判できないということです。従来の竹内図式によって、権力＝悪vs.市民＝善というあいまいな根拠に基づく政権批判をしても意味がない。

攻撃性の有無と時間の遅速こそ、日本の民主主義を評価する新しいものさし、「令和日本のデザイン」のヒントになるものなのです。

モイセス・ナイムの現代社会論や宇野常寛氏の情報化社会論も思い出せば、現在の日本社会は、全体として権力の相対化と多頭化が進んでおり、「決断」も「独裁」もできにくい社会と考えるべきです。そして恐らく、安倍政権もまたこの困難を抱えていたに違いないのです。

例えば作家の佐藤優氏は、戦前の天皇機関説を念頭に安倍長期政権を「首相機関説」だといいました。

天皇機関説とは、大日本帝国下の政策が、実質的には官僚によって策定され、天皇は裁可するだけのシステムだったことを指します。天皇は政治的権力をもたず、まさに「機関」の役割をはたしていた。佐藤氏は、安倍政権もおなじ行動をとっていたと指摘します。官僚主導で政策が組みあがり、安倍首相はハンドルをあずけたままアクセルとブレーキを踏む役割に徹したにすぎなかった。

その節目は二〇一五年の「戦後七〇年談話」にあったはずで、安倍首相は村山内閣時代の戦後五〇年談話の塗り替えを目指したが失敗に終わった。このとき安倍首相は権力行使の限界を痛感し、以後、首相機関説になったのだ――「このとき、安倍総理は自分の権力がどれほどのものかを強く感じ取ったのでしょう。いくら自分が政治イニシアティブを発揮しても、できないことはできない。こうして彼は徐々に『機関』へと変質していったのです」。[17]

ここには、「機関」という言葉を使うことで、安倍政権の権力者としての限界が指摘されていません。佐藤氏は日本の政権構造が独裁ですらないことを見抜いているのです。

また安倍首相の退陣に際して、内閣官房参与を務めていた谷口智彦氏は、総理という立場の「孤独」を強調しています。総理大臣が自らの力を発揮できるのには、三年はかかる。なぜなら二年目にようやく自分の意向を反映させた予算組みができ、その執行が三年目になるからだ。重要な課題になればなるほど、立法過程と予算の裏付けが必要になることはいうまでもないからです。

また憲法改正をとってもよい。憲法の改正のためには、衆参両院で三分の二以上の賛成を得てから国民投票を行い、多数を獲得せねばなりません。ここまでは常識でしょう。しかし問題は、国会法に憲法審査会の設置が定められており、改正にかかわる発議はそこで審査せねばならない。この審査会には野党の参加が必要で、野党が審査会自体の開催をボイコットしたので、ことは進みませんでした。しかし行政府の長である安倍首相は耐え、立法府にかかわる審査会開催の有無について、政治的介入を慎んだのです。

こうした開かない扉を前にして、総理を襲ったであろう感慨は、恐らく次のようなものだと谷口氏はいいます――「いわゆる権力を手にするとは皮肉にも、できないこと、動かせないものがいかに多いかを悟ることなのだと思い知るその実感を、総理は誰とも分かち持つことができない」。[18]

元内閣官房参与のこの言葉は、ほとんど『権力の終焉』に書かれていても不思議ではありません。この権力行使の限界の認識は、民主主義に必須の「遅さ」の必要性を教えてくれるものです。

しかし現在の世界情勢が、そのような時間感覚をどんどん圧縮している時代であること、むしろ「例外状態」が常態化している社会であること、これが情報化とポピュリズムに翻弄される私たちの時代の民主主義、すなわち「新しい民主主義」の姿なのです。

第三章　空っぽなポピュリズム大国アメリカ

時代状況を背負った長期政権

本書のここまでの時代診察をまとめると、次のようになるでしょう。

まず、全日本国民への現金一〇万円給付が遅れたことを取りあげ、戦後日本社会で常識と思われた自由が、実は多くの課題を抱えていることを指摘しました。また緊急事態宣言によって明らかになったのは、戦後民主主義のような考え方、すなわち権力vs.市民という対立図式では、日本社会をうまくとらえきれないという事態でした。

それは戦後日本の自己像、すなわち自己同一性の危機といえるものです。

その際、モイセス・ナイム『権力の終焉』や宇野常寛氏の著作を参考に、時代を俯瞰して考察を進めてきました。

ナイムの書を参考にすると、日本を含めた世界全体は、権力の分散化に悩まされています。「3M革命」と呼ぶ生活環境の変化によって、世界が無秩序化し、小粒の権力争いで収拾不可能なカオスに陥っている。以前のように、熟練や知識の集積もむずかしい時代になっています。権力が分散し、トップの入れ替わりが早い企業や組織体では、ノウハウを蓄積している時間がないからです。ここに情報社会とトランプ現象の関係を論じた宇野氏の意見を付け加えると、現代社会が、攻撃性を強め、なにより「遅さ」を嫌悪する社会だということが分かります。

安倍政権にたいする賛否両論も、こうした時代状況を背負っています。権力にたいするマスコミの引きずり降ろしや攻撃性、情報に一喜一憂し、短時間で世論が変わる時代に私たちは生きている。そこでは自由や民主主義という価値観が揺らいできている。戦後の国家像の限界が見え始めている、ということです。

ところで、およそ七年九カ月におよぶ安倍政権を、しばしば安倍氏個人の資質から評価・批判しようとする意見があります。しかしそれは間違いか、少なくとも時代分析として視野が狭い。この政権がもつ意味は、「安倍政権をふりかえると、時代を総括できる」点にあります。

例えば、岸信介といえば安保闘争の混乱を想起させ、日米安保とは何かを考えることにつながります。佐藤栄作や田中角栄を論じることは、戦後の高度成長の功罪と切り離せません。彼らとおなじように、安倍晋三氏は久しぶりに、総理の顔と時代の表情が一致する人物だったからこそ重要で、かつ稀有《けう》な総理大臣だったといえるわけです。

TPPをめぐる「二つの保守」

第二次安倍政権は、二〇一二年一二月に発足しました。国内では平成後期と東日本大震災からの復興を象徴する内閣ですが、その際、グローバル化を念頭に置くことがどうしても必要になる。「日本を、取り戻す。」というキャッチフレーズを掲げて、経済成長政策を前面に押しだすことで再出発をはたし、二〇一五年には平和安全法制を成立させ、その前後でも特定秘密保護法やテロ等準備罪など法整備を粛々と進めました。

安保法制反対デモは、その後、沖縄・辺野古の基地移設反対デモへと移っていきますが、いずれにせよ、すべての問題は国際社会、とりわけ**アメリカとの関係を無視しては考えられません**。安倍政権を論じるのは、グローバル化を論じることであるとはそういう意味です。民主党政権前の第一次安倍政権まで入れれば、二〇〇六年までさかのぼることができる。本格的に情報化社会にはいり、GAFAに世界が呑み込まれていく状況を俯瞰できる政権なのです。

なかでも、グローバル化の典型例にＴＰＰ11《イレブン》があります。当初、アメリカも参加表明していた環太平洋の経済連携協定をめぐり激論が戦わされましたが、面白いのは当時、「保守」を自任する論客の意見が、真っ二つに割れたことでした。

安倍政権への批判は、ふつう与野党の対立だと思われがちですが、現在の野党の体たらくが示す通り、野党に注目してもあまり意味はありません。むしろ「二つの保守」に注目する方が、時代を的確にとらえることができる。

ＴＰＰにアメリカが参加表明していた当時、「ＴＰＰはアメリカに日本の国内市場を明け渡す愚策だ」という批判がありました。評論家の中野剛志氏は、その根拠を、もし初期参加予定一〇カ国をＧＤＰで比較した場合、アメリカと日本で九〇パーセント近くを占めることになる。ほか八カ国の経済規模はきわめて小さく、しかも輸出が中心で国内市場規模が小さい点に特徴がある。製造業の決定的凋落によって格差社会にあえぐアメリカが、いまさら国内市場を開放するはずがありません。よってＴＰＰに日本が参加することは、他の小国群を従えたアメリカ軍団に、日本が国内市場を食い荒らされるのを待つだけだといいました。[19]

日本の農業が破壊されるだけではありません。地方の田園風景はショッピングモールに変わり、保険も外資が参入してくる。つまり自由化とは、国内の隅々にまで外国資本の触手が伸びることを意味している。たばこの煙を胸いっぱいに吸い込むように、地方にまでグローバル化の影響が直接におよんでしまう。

中野氏を含む保守派は日本人の生活のリズム、これまで積みあげてきた農業のあり方を死守すべきだと主張した。だからこそ、彼らは「反安倍の保守」を自任していたのであって、しかも反アメリカニズムなのです。

中国を取り囲む経済戦略

一方で、「親安倍の保守派」にとって、ＴＰＰは中国を取り囲む経済戦略にほかなりません。巨大な胃袋と化した中国が、一帯一路構想をぶちあげたことにたいし、ＴＰＰは戦略的な中国囲い込み政策なわけです。東日本大震災当時盛んに指摘され、新型コロナ禍以降、ふたたび聞くようになった「サプライチェーン」という言葉は、日本を含めた諸外国がいかに中国市場に依存し、経済交流が骨がらみであるかを明らかにしました。その偏重を食い止めるためにも、ＴＰＰはぜひとも必要な対抗措置なのです。

さらに今回、早々にウイルス封じ込めに成功した中国は、経済成長を背景に、今後よりいっそう政治的影響力の拡大を狙ってくるに違いありません。ＷＨＯの中国寄りの対応を見てもわかるように、すでに国際社会では中国型の独裁国家の影響力が増しており、自由と民主主義を掲げるアメリカの立場は絶対的でなくなりつつあります。トランプ大統領の過激な発言や想定外の行動が、アメリカの凋落に拍車をかけたという人もいます。

こうした状況を前にして、経済だけではない、国際政治の駆け引きからいっても、今こそ日米は同盟関係を深め、自由と民主主義を死守すべき、というのが親安倍政権側の主張でした。

かくして、ＴＰＰをめぐって、保守派の中に親安倍と反安倍の対立軸ができたわけです。ＴＰＰの是非には、グローバル化の影響が色濃く表れたのであって、親米＝親安倍＝嫌中か、反米＝反安倍＝自主独立か、という国際情勢がかかわっていました。つまり、安倍政権がしきりに強調していた日米同盟の緊密化は、単に防衛関係における同盟だけでなく、経済から生活様式にいたるまで、日本人の生活スタイルそのものに巨大な影響をあたえています。

だからこそ筆者は「安倍政権をふりかえると、時代を総括できる」稀有な内閣だといっているのです。

だとすれば、私たちは改めて、日本にとってアメリカとは何かに注目すべきではないでしょうか。現代日本をデザインする際に、「アメリカの本質」に一定の見通しをもっておくことは必要不可欠なのです。

たとえば**アメリカが主張してきた自由と民主主義の正しさは、自明の前提なのでしょうか**。グローバル経済のけん引役であり、徹底した市場経済と成長主義を掲げてきたアメリカは正しかったのか。

二〇二一年の年明け早々、ワシントンの連邦議会議事堂で、アメリカ憲政史上にのこる事件が起きました。トランプ大統領の選挙戦敗北を認めない支持者が、トランプ氏の発言に乗じて議事堂前に押しかけ、建物内に乗り込んで乱暴におよび、警察と民間人双方に死者がでたのです。民主主義国家アメリカが自己否定された衝撃的事件でした。

このアメリカの混乱と、独裁国家の方が感染拡大を防ぎ犠牲者を抑えている状況を前に、私たちは本当に自由と民主主義を信じていればすむのか。この問いを突きつけられたのです。日本人の多くが、ほぼ無条件に自由と民主主義を信奉している一方で、本家本元であるアメリカの凋落は、こうした疑念を抱かせる。

アメリカを問うことは、日本の国家像を問う際に欠かせないのです。

レーガニズムからトランプ現象まで

まずはトランプ現象を引き起こしたアメリカを素描することから始めましょう。トランプ「現象」に注目することからも分かるように、筆者は決してアメリカ政治ウォッチャーとしてアメリカを論じるわけではありません。ジャーナリストやアメリカ学者のように、現実的でも専門的でもない。そうではなく、アメリカが象徴する現象を、歴史学を参照し論じてみたい。そのうえでもう一度、日本をふり返りたい。

アメリカ政治に詳しいジャーナリストの会田弘継氏の議論を参照すると、アメリカを読み解く鍵もまた「保守」にあることが分かります。

アメリカの基本図式は、一九八一年に登場したレーガン政権の経済政策、「レーガノミックス」を柱のひとつとするレーガン主義（レーガニズム）にあります。

有名な一九二九年の世界大恐慌に直面したアメリカは、ニューディール政策に顕著なように、政府が積極的に失業対策をおこなうなど「大きな政府」の時代に入りました。民主党主導の政策は、第二次大戦の勝利とその後の繁栄の時代も維持され、一九六〇年代までのアメリカ像を形成します。その後、ベトナム反戦運動や人工妊娠中絶をめぐる倫理問題が浮上してくると、アメリカ社会は分断を深めるようになりますが、それ以前までは政府主導による進歩的改革を肯定しつづけていた。

レーガン政権の登場は、こうした「大きな政府」に決定的終わりを告げるものでした。レーガニズムの最大の特徴は、徹底した個人主義と競争社会の肯定にあります。政治では政府の役割を限定し（小さな政府）、共同体よりも個人主義を徹底したリバタリアニズムと呼ばれる自由主義を前面に打ちだします。この徹底的な個人主義は、国家権力（大きな政府）から相対的に自立しているからこそ、積極的に政治参加できるのだという気分をもっています。

自由こそが民主主義を保障するのだ、というこの考えはリベラル・デモクラシーと呼ばれ、アメリカの自由と民主主義の基礎をなしてきたわけです。先にみたドイツの法哲学者シュミットが、自由と民主主義を区別し、その違いを強調していたとすれば、ここでのリベラル・デモクラシーはむしろリベラル＝デモクラシーという一致を強調していることが分かるでしょう。

おなじ傾向は、経済のばあい、市場競争を奨励する「規制緩和」となって表れます。

市場競争政策は、ネオ・リベラリズム（新自由主義経済）と呼ばれ、今日私たちが目にしているグローバル経済の世界観が、この時に出来あがる。

この競争主義＝個人主義は、開拓民であるアメリカ人に独自の自立心に由来し、同時に福音派と呼ばれる宗教心と密接なつながりがあります。規制緩和や競争精神が、宗教的な信仰心と結びつくのは、日本人にはなかなか理解しにくいでしょう。でも、アメリカ独自の「自立心」を支える精神性と考えれば、とらえやすいと思います。

アメリカの「保守主義」

ところで、過剰とも思える自由の強調の背景には、宗教以外にも冷戦構造があります。自由の主張は、イコール反共産主義陣営という意味をつよく持っていたからです。

ここから、アメリカの自由と民主主義の理念は、反共を意識しつつ、世界全体に布教されるべきだという主張がでてきます。これが外交戦略におけるネオ・コンサーバティズム（新保守主義）です。しばしば「アメリカは世界の警察官」を自任し、国際秩序形成への強い原動力となった。一番印象深い事件としては、ジョージ・W・ブッシュによるイラク戦争への介入とその失敗が挙げられるでしょう。[20]

興味深いのは、**小さな政府と規制緩和のレーガノミックス、自由主義と民主主義の国際拡張をめざすネオコン外交、以上のレーガニズムを、アメリカでは「保守主義」と呼ぶ**ことです。

レーガンの政策は、それ以降の共和党の基本的立場を定めるとともに、アメリカ保守主義の骨格をつくったのでした。そしてわが国のアベノミクスに代表される経済成長主義路線が、八〇年代アメリカのつよい影響下に始まったことに注目してください。

より正確にいうと、一九九〇年代のバブル崩壊以降、経済の停滞にあえぐ中で、わが国もまた規制緩和と市場競争によって、新しい発想、新しい市場が生まれるという期待感が支配したということです。

「速度」を求めるポピュリズム

その帰結がどうなっているのか。日本についてはのちに述べましょう。ここで触れておきたいのは、その後のアメリカの動向です。

二〇一六年にトランプ大統領が出現した（就任は翌一七年）当時、しばしばいわれたのが「ラストベルト地帯の白人中間層の没落」でした。第二次大戦後、好景気の恩恵に浴し豊かさを謳歌していた白人中間層は、自動車産業に象徴される製造業に従事していました。しかし第一に工場の中南米への移転によって、第二に、その中南米からの移民の急増によって、彼らの多くは失業の憂き目にあいました。雇用事情が悪化しつつある中での八〇年代のレーガノミックスは、決定的な格差社会を生みだしていった。

日本でしばしば聞かれる「勝ち組と負け組」とは、GAFA等に就職し、グローバルな世界で活躍できる少数の人材と、没落した白人中間層を象徴する言葉でしょう。負け組の多くは、先の宇野氏の定義にいう「Somewhere」な人たちであって、アメリカ国内でさえ移動の自由をもたず、国境を越えてグローバルに活躍することとは無縁の人たちでした。

熱狂的なトランプ支持の背景には、彼らの不満と、自分も現実世界を変える主人公でありたいという「民主主義への熱望」がありました。グローバル化の反動としての民主主義、すなわちポピュリズムです。

ではそもそもポピュリズムとは何なのでしょうか。

ミュデとカルトワッセルの共著『ポピュリズム』は、簡潔に、ポピュリズムの特徴を三点にわけて説明しています。[21] それは人民とエリート、そして一般意志こそが、ポピュリズムを特徴づけるキーワードだというのです。

具体的には次のようなことです。ポピュリストは、国内の人びとを「汚れなき人民」vs.「腐敗したエリート」に徹底的に二分します。そして政治エリートや経済エリートによる代表制を嫌い、ルソーの『社会契約論』の概念として有名な一般意志、つまり直接民主制を支持するというわけです。国内の対立が鮮明になることが、ポピュリストが望む状態です。社会が多元主義であることは、ポピュリストにとって警戒すべき状況であり、善悪の対立軸がはっきりと目に見える状態こそ、好都合です。

したがって彼らは二項対立を生みだすこと自体が目的であって、特定のイデオロギーを持ちません。ポピュリズムは「空っぽの記号表現」だとミュデとカルトワッセルは強調します。[22] **人びとを動員すること自体が目的**なので、特定の信条をもつことはなく、自由主義であれ社会主義であれ、イデオロギーの保守と革新など構わずなんでも受け入れる。反エリート的衝動は、政党や官僚制など政府組織の批判となり、「普通の人びと」が正義なのだという主張だけが大事なのです。

筆者の意見を付け加えれば、ポピュリズムが民主主義と決定的に異なるのは、やはり「速さ」にかかわります。ポピュリズムが多元主義を嫌うのは決定に時間がかかるからであり、一般意志による直接民主制の方を好むのは、短時間で決断できるからです。

さらにいえば、ここでの一般意志は、情報に一喜一憂する現時点での人びとの意見を意味しており、まったく歴史的時間を感じさせません。一般意志という言葉から、祖先からの伝承や秩序の継承の声がまったく聞き取れないばかりか、本人の意見自体が転変をくり返し、その内容が持続する時間が短くなってしまう。世論調査や支持率が、一カ月単位ではげしく変動してしまう。その民意は「汚れなき人民」によって表明された正義であり、エリートへの対抗として、ほぼ無条件に正しいと思われている。

「アメリカ的」なるものの終焉

トランプがヒラリー・クリントンに勝利した理由がここにあります。アメリカ人にとって、エリートとはカフェラテを飲みながら外国車を乗りまわす人であり、一方の庶民はレギュラーコーヒーを飲んで国産車に乗る人のことです。前者は東海岸の都市部に住むリベラルな人たちであり、ヒラリーの支持者です。一方後者は、アメリカ中部の地方都市に住む市井の白人たちです。

そして実際、トランプはエリート官僚を批判しました。一例が新型コロナ禍への対応時の、トランプ大統領による連邦政府機関の人事介入です。二〇一八年には国家安全保障会議（ＮＳＣ）の感染症対策のディレクター職を廃止してしまいました。さらに国土安全保障省（ＤＨＳ）の長官を後任不在のまま放置しました。連邦政府の危機管理能力が著しく低下したまま、コロナ禍に突入してしまったのです。

国のトップ自身がポピュリスト、反エリートとしてふるまった結果、国民の分裂を助長してしまった。

アメリカは、まさにポピュリズムの嵐によって混乱をきたし、「自分らしさ」を見失っている。社会を善悪の二色に分断し、批判と攻撃を燃料に政権運営はおこなわれ、自己同一性は解体しつづけている。

登場から四年後、新型コロナ禍への対応の是非を問うアメリカ大統領選挙は、民主党のバイデンが勝利しましたが、より注目すべきなのは、トランプが七四〇〇万もの票数を獲得したことの方にあるはずです。たとえトランプ個人は敗北したとしても、トランプ「現象」そのものは一向に終息する気配はない。国内の決定的分裂に、むしろ自由と民主主義の危機を読み取るべきなのです。

アメリカは、自由と民主主義の国であると私たちは二言目にはいいますが、そのアメリカ自体が、自由も民主主義にも限界があるといい始めている。

徹底した個人の競争は、人びとの共同体への帰属意識を破壊した。

批判と攻撃の負の連鎖によって、民主主義は機能しなくなった。

経済成長主義に執心した結果、中間層の没落しかもたらさなかった。

積極的な拡張外交は、無用の戦争への介入をくりかえし、アメリカ経済を疲弊させたに過ぎなかった——。


こうした気分が反省されたというよりも、むしろ爆発したのが、トランプ「現象」なのです。世界大恐慌にはじまり、八〇年代のレーガン政権を経て、アメリカは三度目の深刻なアイデンティティーの転換期を迎えているのです。

「ポスト・安倍的」という意味

ここまでをまとめると、次のようになるでしょう。

日本では、安倍政権七年九カ月をめぐり、親安倍＝親米＝嫌中と反安倍＝反米＝自主独立という二項対立がある（八一頁）。両者ともに保守派を名乗り、愛国心すら持っていると主張してきました。

そのうえで、九〇年代以降の日本が、レーガニズムを継承し、安倍政権もそれに基づく経済政策を行いつづけてきた。本家アメリカですら耐用年数をむかえた政策を、鵜呑みにしていた。だとすればアメリカの限界をポピュリズムをキーワードに見てきた以上、日本の今後の国家像は「ポスト・安倍的」でしか、あり得ないのではないでしょうか。

ポスト・安倍とは、安倍氏個人を独裁者呼ばわりし、批判罵倒すること、反安倍であることとはまったく違います。

安倍氏への個人攻撃をすること自体、反エリート主義者とおなじであり、ポピュリズムに加担してしまう。親安倍と反安倍という二項対立、保守派内部の対立現象そのものが、日本もまたポピュリズムに近づいている証拠となってしまう。トランプ現象ならぬ、安倍現象を生みだしてしまう。

相変わらず「安倍政権が、強権的にもかかわらず選挙で勝ちつづけるのは不当である。これは民主主義の堕落であり、ポピュリズムなのだ」とか、「トランプ含め、今、世界全体がポピュリズムの嵐にさらされている。日本政治もまた危機的だ」――こうした政権批判を新聞やテレビでよく見かけます。こうした近視眼的批判をするにせよ、しないにせよ、自由と民主主義にかんする定義もあいまいなまま、政権の堕落形態を指弾しても意味をなさない。

安倍政権はポピュリズムや独裁だから悪いのではなく、八〇年代のアメリカ保守主義をマネしつづけていたからこそ、限界だったと考えるべきです。民主主義の定義をはっきりとさせることで、ポピュリズムとの距離もわかるはずです。

レーガン型保守主義をアメリカが自己否定し、自由と民主主義を疑っている。そしてその結末がトランプ現象を生みだした以上、私たちの問いは「日本はどのようにして日本版トランプ現象を回避すべきか」になると思います。

精神的構えとしての反米的＝反八〇年代なあり方こそが、いま必要だと思うのです。自由と民主主義の行き着く先が、劇場型に一喜一憂するポピュリズムなのだとしたら、それをどう回避したらよいのか――わが国もまた、自己同一性の揺らぎを認めなければならない。

ギリシアの歴史へ遡る

そもそも戦後日本社会で、絶対自明の前提とされてきた価値が、今、危機に瀕している。ポピュリズムとは一つの価値観というよりも混乱と解体の別名だといえるからです。

トランプの言行不一致、支離滅裂ともとれる政権運営自体が、たしかな自己同一性をもてなかった、何よりの証拠だといえる。

フランスの知識人ロザンヴァロンは、ポピュリズムについて「代議制民主主義の理想と手続きの歪んだ反転」だと批判する一方、ポピュリズムこそ民主主義がゆきつく必然的な帰結なのだと肯定もしています。「発生した情況しだいで、ポピュリズムはデモクラシーにとっての脅威か矯正かのどちらかとして作用しうる」。[23]

つまり、本来健全なものである民主主義が、ポピュリズムに堕落するのでしょうか。あるいは民主主義は、そもそも本来、ポピュリズムなのでしょうか。

もう一度、民主主義それ自体が、どのような出自をもち、可能性と危険性をもっているのか、立ち止まって考える必要がありそうです。そうすると、筆者はやはり、自由と民主主義の歴史的起源へと戻りたい衝動に駆られます。根源的な話なので、少々遠回りになりますが、現代にも通じる内容にふれておきましょう。

その際に参考となる書物があります。歴史家のクーランジュが一八六四年に発表した古典的名著『古代都市』のことです。

彼によれば人類が最初期に、自覚的に民主主義を考えた時代が古代ギリシアでした。

ギリシアからローマまでの制度史を、幅広く考察したこの著作は、近年ではネオコンのけん引者として著名な政治学者フランシス・フクヤマが、『政治の起源』で言及したことで知られています。ここでは、大田俊寛『グノーシス主義の思想』と併せて参照しつつ、民主主義の起源について歴史的考察を加えてみることにしましょう。[24]

共同体を担う竈の火が聖火である

一〇〇〇年以上つづいた古代世界を考察するにあたって、クーランジュが注目したのが原始信仰における「聖火」でした。現在、二度目のオリンピック開催のため、日本のどこかにあるはずの聖火こそ、はるか古代の民主主義を考えるための原点です。

まず古代人は、身近な人間が死ぬと死体を墓に埋葬するとともに、その死者の霊魂は、死後も周囲に留まると考えていました。なので、死者にたいする崇拝も身近な生活に密着したものとなり、具体的には家の中心にある「竈《かまど》」の存在が大きな意味をもっていました。古代人は、家族が飲食をともにする竈を家族共同体の象徴だとみなしていて、祖先崇拝に関連づけたのです。

墓には竈の火で煮炊きされた食事が日常的に供えられ、重要な祭典においては、食事をともにすることで霊魂を呼びもどす儀礼もおこなわれました。共同飲食は、聖性を分かちあうことを意味する宗教的行為であり、共同性を確認し、連帯意識をもつことを可能にしていたわけです。

民主主義を考えている筆者にとって、大事なことは二つあります。

それは第一に、この共同体に霊魂、つまり死者も参加しているという事実です。個体としての人間は死ぬことで新陳代謝をしていくのですが、先祖と現在の構成員、そして未来の子孫という時間の流れが、原始共同体にはあったということが大事です。家族共同体は時間の積み重なりを意識してつくられている。

次に二点目として、この共同性を支えているのが竈の火だということです。この火こそが、後のオリンピックの聖火の原初的形態です。しかしまだこの段階では、聖火は家族のつながりを強固にするための役割に限定されています。「死者の崇拝と密接な関係にあった聖火もまた、本質的な特長として、各家族の専有であった。聖火は祖先の象徴であった」。[25]

家族共同体が、外部と関係をもち、闘争や融合をくり返して拡大するとどうなるのか。より大きな共同体へと変貌する過程で、主役を演じるのは、ここでもまた原始信仰、すなわち「竈」であり「聖火」でした。

家族共同体は、最終的には都市国家にまで発展しますが、この時点においても、都市国家の世界観や秩序を支えているのは、以前からの聖火だったのです。都市中心部に聖火台があったことに原始信仰の歴史が隠されています。小規模共同体の守護神だった天空の神ゼウスや海の神ポセイドンは、この秩序の下位に位置付けられていきます。

民主主義の登場に際し、注目すべきなのは、家族共同体から都市国家へと拡大していく中で、父権性が果たした役割です。最初にふれた家族共同体においては、霊魂の威力を伝承し、竈の火をつかさどっているのが「父」でした。父母子のうち、腹を痛めて生んだ母親と子供のつながりは一目瞭然でしょう。

しかし父方の子種は誰のものかを確定することは、母親ほど簡単ではありません。そこで一人の男性が、「お前は私の子供である」と宣言することによって、はじめて男性と幼児は、父と子の関係をフィクションとして生みだしていた。フィクションであることが重要で、なぜなら当時は乳幼児の死亡率がきわめて高かったため、血縁だけで家族を維持することが難しかった。そこで父による宣言、擬制こそが共同体維持を担ったわけです。

都市国家の王とデーモス

こうした権利を握る男性、すなわち「父」は、家族を維持する存在として、また先祖の霊魂を招来する権利をもつ存在として、大きな権威と権力をもっていた。共同体が都市国家にまで拡大したことは、血縁関係を支える父のこの地位を奪い、最終的に、父に代わって都市国家の「王」と、それに帰属する「民衆（デーモス）」を生みだしていくことになります。

ここに民主主義が根源的にはらむ問題がでてきます。なぜなら民主主義とは、そのイメージとは反対に、集団化が希薄になり、個人がバラバラな存在になることで始まったからです。

デーモスの特徴は、王への帰属意識などもたず、私欲を主張する個人主義でした。家族共同体のきずなが希薄になる一方で、新たな帰属意識を感じるには、都市国家はいささか大きすぎた。その結果、デーモスは自分が国家と王に帰属しているという明確な意識をもつことはなく、いわば根無し草のような心情に襲われた集団にすぎなかった。父権性が家族にあたえていた拘束力、結束力の衰退は、竈の火や聖火が象徴する時間の積み重なりをデーモスの心から奪い去りました。精神的な彷徨状態の人びとこそ、「民衆」の姿だったのです。

心をかき乱されるデーモス

最終的に地中海全域を支配するローマ皇帝が出現する時代に入ると、民衆の所属意識は、完全に原始信仰時代の面影をとどめないものにまで希薄化します。従来の伝統を重んじる「貴族」と「民衆」との対立を、クーランジュは次のように描きだしています。

彼らは声を大にして、「われらの血液はまさにけがされようとしている。各家族の世襲の祭祀はそのために無価値になるであろう。そして、なんぴともはたして自分がどんな血統からうまれ、どんな献祭に属するかがわからなくなるであろう。これは要するに神と人とのあらゆる制度の破壊である」といった。しかし、庶民はかような議論に耳をかさなかった。それは彼らには無意味な繰り言としかおもわれなかった。[26]

「彼ら」すなわち貴族の側が、世襲や血縁、制度を強調していることが重要です。こうした**伝統的な価値観一切を「無意味な繰り言」と否定し、登場してきたのが庶民すなわちデーモス**であり、デーモスによる新たな政治体制だったのです。

こうして、人びと全体を束ねる絶対的な価値や秩序、原始信仰では「父」や「聖火」として君臨していたものが解体しました。ここに民主主義が登場してきた。バラバラに砂粒と化し、自己の欲望と私利私欲を満たすことだけに精神を占領された人のことを「民衆」と呼んだのです。彼らは自己の欲求を満たすためならば、平気で皇帝を倒し、すげかえる。そのようにして民主主義を完成させた。

民主主義の主役であるデーモスは、霊魂や父からあたえられた共同体での役割、すなわち「自分らしさ」を奪われた人たちでした。その結果、自分自身が何者であるか、アイデンティティーの不安定に悩んだ彼らは、性愛と攻撃性を増していくことになります。大田氏によれば、家族を生みだすための性は、淫靡《いんび》な快楽へと堕落し、また自己像が一定しない彼らは、他者の視線に一喜一憂し、不安をかかえて苛立ちを増していったといいます。形式を失った性、確定しない自己像、この二つがデーモスの心をかき乱すのです。

だとすれば、民主主義とは、その出自において次の三つの特徴を備えていたといえないでしょうか。

第一に、自由とは自己同一性解体後の私利私欲にすぎないということ。自由は奔放な性の快楽にすぎないということ。

第二に、民主主義はバラバラの個人の衆愚政治にすぎないということ。攻撃性を抱えた個人が、王に私利私欲の実現を要求し、受け入れられなければ革命と政変をつづけてしまう不安定な政治体制だということです。

そして最後に、霊魂や祖霊の忘却が民衆の心を貧しいものにしたこと。歴史と時間の否定こそが、自由と民主主義を特徴づけているということです。

グローバル化がもたらす害毒

これではまるで、**現代のグローバル化とは、新ローマ帝国時代だ**といいたくもなります。世界全体がローマ帝国化した状態とは、オリンピックの聖火の扱いをみても分かるでしょう。本来、聖火とは父権性の象徴であり、共同体に秩序をあたえ、人びとに役割を付与していた。その権力が希薄となり、所属意識を奪われた個人が群衆として蠢《うごめ》いているのが現代社会です。

九〇年代の日本では、思想界では国境の恣意性を説いてまわり、「日本」を軽々と乗り越えることが最先端であるといわれていた。日本思想史などを勉強し国境にこだわる先崎は、右翼だとよく批判されたものです。

また経済の動きからみても、この時期は、新自由主義がもてはやされ、グローバルにヒト・モノ・カネが還流することこそ、正しいとされていた。つまり思想と経済は連動して、個人の所属意識の希薄化をさらにいっそう推し進めていたわけです。

こうした現代社会では、聖火は伝統と秩序の象徴としての面影を、まったく留めていません。聖火はオリンピックというショービジネスを盛りあげるための象徴に過ぎず、一時的情緒的な結びつきしかもたらさない。たとえ筆者が聖火の由来を説いたとしても、「庶民はかような議論に耳をかさなかった。それは彼らには無意味な繰り言としかおもわれなかった」。

これが現代民主主義の実態なのです。アメリカが掲げた自由と民主主義の遥かなる源泉です。経済では規制緩和とグローバル化、外交ではネオコンの国際覇権主義をめざしたレーガニズムは、そもそもの出自からポピュリズムに帰結するものだったのです。

戦後社会におけるデーモスたち

ここで改めて筆者が冒頭で、「二つの保守」に注目したことを思い出して下さい。親米＝親安倍＝嫌中か、反米＝反安倍＝自主独立という二項対立に注目すべきこと、しかし本質的な問題はここにはなく、ポスト・八〇年代＝ポスト・安倍的な思想スタンスこそが、今求められているといいました。

安倍政権以前から、わが国は八〇年代のアメリカ由来の価値観を正しいとしてきました。二〇〇二年から〇八年にかけて、日本は戦後最長の景気回復を経験しましたが、その背後には、激しい規制緩和とグローバル化の推進がありました。一九九九年に労働者派遣法が改正されると、二〇〇四年には製造業分野にまで同法は広げられます。

その結果は一目瞭然で、一九九四年に九七一万人程度だった非正規雇用者は、二〇〇四年には一五六四万人、安倍政権下の二〇一五年には一九八〇万人に達し、全労働者の実に三七・五パーセントが非正規労働者になったのです。国際基準にあわせて労働資源の流動化を進めることが目的だったわけですが、結果、二〇〇八年のリーマン・ショックは、わが国の経済と雇用に直接的かつ重大な影響をもたらしました。

非正規雇用を増やすことで、企業は体力を回復し、生産性を向上させたにもかかわらず、経済は停滞したままだった。イノベーションもデフレ不況を救うことはなかった。

本来であれば、この時点で現代のデーモスたちがもつ恐ろしさに気づくべきだった。規制緩和とグローバル化は、いったん不況や感染症が発生したばあい、その害毒が速やかに世界全体に浸透し、人びとを不安と苛立ちに巻き込んでしまう。不安が攻撃性へと人びとを駆り立てる。

アメリカ発の自由と民主主義は、個人の過剰競争とデーモスの登場を生みだし、世界を席巻してしまうのです。政治はポピュリズムに堕し、政策決定の「遅さ」に耐えられず、ロックダウンや独裁型の政府による経済封鎖と、荒立つ市民に分断されてしまう。

「戦後レジームからの脱却」の真意

恐らく自民党と安倍政権は、九〇年代以降の、こうした大きな流れを知っていました。なぜなら安倍晋三氏は、その著書『新しい国へ――美しい国へ 完全版』のなかで、当時の民主党政権を意識し、ＴＰＰにたいし懐疑的な発言をしていたからです。

たとえば安倍氏は、日本の平均関税率が三・三パーセントにたいし、アメリカは三・九パーセント、ＥＵは四・四パーセントで、韓国になれば八・九パーセントであることを指摘し、「この数字を見る限り、日本は十分開国しているのに、菅直人総理（当時）は『開国しないといけない』と言ったものだから、『じゃあ、開国しろ』と相手に強い立場に立たれてしまった。交渉術としては、あまりに稚拙です」と述べているのです。[27] 二〇一三年当時の引用ですから、少し古い発言ですが、それでもアメリカのTPP参加を念頭に述べていることは明らかです。

また安倍氏は、他国とのコミュニケーションにおいては、まずは「自らのアイデンティティ」を持つ必要があるとし、文化と歴史の重要性を指摘します。資本主義のあり方においても、アメリカに一定の距離をおき、「瑞穂《みずほ》の国の資本主義」の重要性を強調します。この主張を知識人の多くが嘲笑、失笑しましたが、政治家がかかげるスローガンはもともと、このくらい大雑把なものです。「所得倍増計画」とか「田園都市構想」など、一目して分かるものがスローガンとなる。

少なくとも、「瑞穂の国の資本主義」とは、グローバルに展開する資本主義経済にたいし、何を最優先し、次に何をするのか、日本独自の価値基準をもつべきだということには気づいていた。

利潤追求と効率化を絶対善とするかぎり、マスクは中国に依存すればいいいし、一円でも安い場所に工場は移転すればよい。しかし、もし日本人はより健康に生活すべきだ、という価値基準を据えれば、まったくちがう判断がでてくるでしょう。多少値段が高くても、日本人自身の手でマスクをできるだけ自給しようという、経済合理性とはちがう判断がでてくる。**合理性や効率性とは一線を画した日本人自身の価値観**がでてくる。

要するに、瑞穂の国とは、米作りの生き方をモデルとした価値観や死生観をもつということです。安倍氏は、日本は日本なりの資本主義のあり方を目指すべきだと、この時点ではいっていた。

安倍氏自身が、八〇年代アメリカのレーガノミックスに代わる国家像を当初はもっていた。自由と民主主義を超える、わが国独自の価値観の必要性を説いている。この意味では、次の安倍氏の文章は、ある重みをもって読み直されねばなりません。

こうして日本が抱える課題を列挙してみると、拉致問題のみならず、領土問題、日米関係、あるいはＴＰＰのような経済問題でさえ、その根っこはひとつのように思えます。すなわち日本国民の生命と財産および日本の領土は、日本国政府が自らの手で守るという明確な意識のないまま、問題を先送りにし、経済的豊かさを享受してきたツケではないでしょうか。まさに「戦後レジームからの脱却」が日本にとって最大のテーマであることは、私が前回総理を務めていた五年前と何も変わっていないのです。[28]

領土問題や拉致問題と、TPPが同列に書かれていることに注目すべきです。コロナ禍以後、にわかに現実味をもった「経済安全保障」とは、相手国にとって必要不可欠な輸出品目を国家が管理し、出し入れすることで、プレッシャーをかける駆け引きです。経済戦争のことを指している。TPPの時点で、日本がアメリカとの間に経済戦争に近い緊張関係があったことを、安倍氏は知っていた。ここでいう「戦後レジームからの脱却」とは、具体的にはレーガニズムからの脱却であり、また憲法改正による自衛隊の合憲化を意味するでしょう。

にもかかわらず、九〇年代以降の日本政治は、自由と民主主義の国アメリカの影を無条件に追いかけてきたように思います。

しかし、日本人が無邪気にこの言葉をいっていればいい時代は終わったのです。「戦後レジームからの脱却」は、アメリカの自己否定に促されるようにして始まった。今、日本は新たな自分らしさ、つまりは「令和日本のデザイン」を探すべき時期に差し掛かっているのです。

第四章　戦後民主主義の限界と象徴天皇

陛下の「お言葉」

前章で見たように、第二次安倍政権は、発足当初、二つの課題に自覚的でした。自由と民主主義が、世界全体が従うべき基準、普遍的価値では必ずしもなく、アメリカですらリベラル＝デモクラシーが自明の絶対善ではなくなってきている。また国内では「戦後レジームからの脱却」が求められているということです。

ところが実際の政権運営は二つの課題をいったん脇に置き、経済的豊かさを最優先しました。アベノミクスを全面強調するかたちで政権運営はなされてきました。思想的にも経済的にも、戦後レジームは維持されつづけたということです。

そしてトランプ大統領が誕生した二〇一六年、わが国の根幹を見直すような事態が起こりました。

八月八日、当時の天皇陛下が「お言葉」を述べられ、象徴天皇制のあり方を直視する機会を、私たちにあたえたのです。陛下ご自身のお考えは、お言葉を聞く限り、高齢により生前退位をすることとの必要性を訴えるものでした。政権はすぐさまその対応にあたり、有識者会議による議論を経て、時代は平成から令和に代わったことは、みなさんご承知のとおりです。

ここで筆者が注目したいのは、天皇の代替わりをめぐる一連の議論で、しばしば、象徴天皇と戦後民主主義を関連づける発言があったことです。とりわけ、安倍政権を批判するリベラル色の強い知識人ほど、天皇のお言葉に政治的ニュアンスを聞き取ろうと努めていた感じがあります。

従来、リベラル陣営といえば、天皇制に対して否定的な見解をとるものだと思われていました。しかしお言葉をめぐっては、事態は逆なのであって、リベラル陣営は陛下の肩をもち、政権批判のための錦の御旗にしていた。一方の保守派は、陛下のお言葉にむしろ困惑し、存在することそれ自体、貴重であると強調した。陛下の意思に反し、譲位に反対の立場をとったのです。

『国体論』に見る矛盾

具体例でみてみましょう。白井聡氏の『国体論』は、リベラル陣営の天皇観の典型的事例といえるものです。この書の論点は、大きく分けて二点あります。第一は安倍政権の「戦後レジームからの脱却」への批判です。安倍政権が憲法改正をもくろんでいることを危機とみなし、戦後民主主義への挑戦だと白井氏はいいます。今上天皇は危機感を覚え、安倍政権をけん制する目的からお言葉を発したというのです。安倍政権は保守派を自称するにもかかわらず、天皇にたいして不敬ですらあるというわけです。

またつづけて白井氏によれば、保守派は天皇の存在それ自体が重要だと主張しているが、陛下ご本人がそれを否定している。慰霊の旅によって「動く」こと、そして国民のために「祈る」ことを「象徴」の役割だと天皇は思い定めているからだ。つまり高齢に伴う行動の制限は、象徴天皇のアイデンティティーの終わり、すなわち譲位を意味しているわけです。

新憲法と戦後民主主義、象徴天皇制をワンセットだと考える白井氏は、次に第二の論点を示します。

それは安倍政権とアメリカとの関係です。安倍政権は、アメリカを絶対自明視する親米型保守主義であるにすぎない。そのアメリカは戦後民主主義と象徴天皇制をつくった張本人であり、戦後レジームの構築者だとして批判するのです。白井氏は、親米保守を批判する自分が戦後レジームからの脱却者であり、安倍政権こそレジームを永続していると批判する。当然の帰結として、彼のアメリカ批判では、新憲法はもちろん、象徴天皇制も戦後民主主義もともに否定されるべき対象になるわけです。

安倍政権とアメリカとの癒着を批判し、その超克を目論む白井氏は、自身が自覚しているとおり、ここで矛盾に直面しています。なぜなら、日米関係の蜜月に終わりを告げるばあい、それは戦後民主主義と象徴天皇制、日本国憲法の否定を認めねばならなくなる。すべてアメリカ製だからです。

一方で白井氏は、安倍政権の「戦後レジームからの脱却」に対抗するべく、ぜひとも天皇の象徴としてのお言葉は尊重されるべきであり、戦後民主主義を一緒に守りたいともいっている。「想い起こせば、戦後民主主義の危機は、二〇一一年三月一一日の東日本大震災と福島第一原発の事故、そしてその後の第二次安倍政権の成立とその施政によって、爆発的に表面化してきた」(『国体論』)。[29]

はたして戦後民主主義を破壊したいのか、守りたいのか。正直、よくわかりません。

筆者が読んだかぎり、東日本大震災と原発事故によって、ある種の高揚した気分に駆られた白井氏は、あたかも人々を煽動するかのような語調で、政権批判を書きなぐっている。かくしてその意図は、とにもかくにも安倍政権批判をしたいという一点に発していることになります。この文章に、彼の矛盾する情念とその限界を指摘することはきわめて容易《たやす》いでしょう。

しかし彼自身も気づかないより重要な論点が、ここにはひそんでいると思います。それは改めて、民主主義とは何か？　という問題を、日本の文脈で問わねばならないということです。すでに第二章で、中国文学者の竹内好の民主主義論を「竹内図式」として紹介しておきました。この図式によれば、戦後民主主義とは、国家権力に対抗することを意味し、国家vs.市民とされていました。抵抗や闘争が民主主義のイメージであり、何より問題なのは、「市民はつねに正義である」という硬直した倫理観であると指摘しました。

この竹内図式に代表される思考様式を「戦後のアイデンティティー」と呼ぶならば、この「国体」は、耐用年数をむかえている。

筆者は先立つ章で、安倍政権は時代を俯瞰できることに意味があるといいました。七年九カ月のあいだに天皇の代替わりがあったことは、私たちに、象徴天皇と戦後民主主義の関係を問い直すチャンス、新たな機会をあたえてくれたのではないか。

三島由紀夫vs.東大全共闘

この問題を考えるために、恰好の人物がいます。安倍政権から菅政権に代わった年、没後五〇年を迎えた小説家・三島由紀夫のことです。

三島ほど、天皇に強い思い入れを抱いた人物も稀でしょう。後に解説しますが、三島は戦前の二・二六事件の青年将校を賛美し、彼らの天皇への熱い思いを理想化しました。その論理と心理を知るためには、まずは三島が戦後をどのように理解していたのか、時代診察を聞いておかねばなりません。その先に、処方箋としての「文化概念としての天皇」がでてくるからです。

筆者自身も没後五〇年を記念し読売新聞が企画した対談で、歴史学者の與那覇潤氏と三島の魅力を話し合いました。[30] そこでの共通した認識は、三島に独自の天皇への思い入れは今日、なかなか受け入れられないとしても、時代状況への違和感は今なお有効であるということでした。緊張感が弛緩した現状に苛立ち、自殺やテロによって社会に緊張感をあたえようとする心情は、理解可能だということです。新型コロナ禍は私たちを一気に緊張の渦のなかに突き落としましたが、こうしたピンと張りつめた日々こそ、三島の求めた気分に近いかもしれない。

実際、映画『三島由紀夫vs東大全共闘 五〇年目の真実』は、新型コロナウイルス感染拡大のさなかでも、多くの観客を集めていたようです。筆者も渋谷の映画館で公開早々に観ましたが、非常に充実した内容といってよいものでした。今、戦後民主主義とは何かを問うている範囲で、簡単に映画の内容にふれておきましょう。

一九六九年五月一三日、東大駒場の九〇〇番教室は、一〇〇〇人を超える学生に埋め尽くされていました。ボディービルをしていた三島を、「近代ゴリラ」と揶揄したポスターを貼り、学生たちは三島と対決し論破しようと待ち構えていました。そこへ三島が現われ、一対一〇〇〇人による公開討論がはじまります。

丁寧に討論を追いかけていく映画のなかで、注目すべきは「関係」という言葉です。三島と全共闘学生はともに、この概念をめぐって対立していたからです。これを筆者の意見も加えつつまとめると、以下のようになると思います。

学生代表のなかでも、とりわけ論客のAのばあい、あらゆる社会的関係から、いかに離脱して自由になるかが問題関心の中心でした。人間とは本来自由であり、何ものにも拘束されない存在である。にもかかわらず、僕らは関係に宿命的に縛られた存在だと思い込んで、多くのことを諦めている。この前提を破壊し、徹底的に戦後の日本社会から離脱したいという思いが、Aの主張には漲《みなぎ》っていました。

よって学生たちは、知識人への不信感を強めていきます。東大教授という肩書に偽善と権威主義を嗅ぎとり、耳に心地のよい正論を吐く知識人を糾弾するのです。戦後の日本は経済的快楽におぼれ、外交と軍事ではアメリカのいいなりになっている。沖縄の基地から米軍機が飛びたち、アジアの小国を爆撃しているのだとすれば、私たち日本人自身が、戦争をしているのとおなじではないか。こうした現状に甘んじたまま、戦後民主主義を肯定して知識人ぶっているのは、空疎な偽善者ではないのか。

正論の裏にある、時代の空虚と偽善を破壊せよ。

そのためには民主主義にすら、一度は否《いな》をつきつけよ。

破壊的で前衛的な芸術の旗手のもとに集まり、自由を求めようではないか——こうした気分が、学生たちを「関係」の離脱へとむかわせたのだと思います。

たいする三島はどうでしょうか。三島のばあい、関係は取り戻すべきものであり、肯定的に評価されています。具体的には「日本」という関係です。三島はいいます、君たち学生諸君は日本と天皇を強調する僕のことを、きっと憐れむことだろう。なぜなら関係を自明視し、関係に拘束されているからだ。しかし僕はこの不自由が欲しいのだ。なぜなら戦後の日本社会から、すっかり国家や天皇という関係が姿を消してしまったからである。

むろん、戦後にも国家と天皇は存在する。でも戦後日本は、国体を経済成長にすり替え、豊かさを自国のアイデンティティーにしてしまった。また戦後の象徴天皇は、軍事や文化とのかかわりを絶たれ、単なるお飾りに堕してしまっている。三島はおよそこのように考え、彼が理想とする関係、天皇と日本人の紐帯の復活を求めたわけです。

共通する戦後への懐疑と拒絶

実は三島と全共闘の学生には、戦後民主主義に否定的であるという共通点があります。三島は戦後民主主義から離脱し、もう一つの日本を取り戻すことを望んだ。一方の学生たちは、日本という枠組み自体からの自由を求めて、過激な行動へと走ろうとした。つまり、脱出方法と向かう先はちがうものの、戦後という同時代を懐疑し、拒絶した点において一致していた。

彼らの主張が、時代状況こそちがえ、**民主主義批判による「戦後レジームからの脱却」を意図していた**ことは間違いありません。その内容が現代の安倍氏に近いのか、それとも白井氏のそれに近いのかの検討は必要ですが、戦後否定という問題意識は、二〇二一年の今日にまでまっすぐつづくといえるでしょう。

では三島由紀夫が否定する戦後民主主義とは、具体的には何なのか。この一言に込められた意味を深く探り、三島の時代診察をもう少し追いかけねばなりません。その先に、三島の取り戻したい関係、つまり時代への処方箋も見えてくるはずだからです。

三島は昭和四五年一一月二五日、陸上自衛隊市ヶ谷駐屯地のバルコニーで演説をおこない、自決しました。それに先立つ七月、サンケイ新聞に掲載された短文には、自らが嫌悪した時代状況を、次のようにまとめています。

——私はこれからの日本にたいして、希望をもつことができない。なぜなら日本は戦後の二五年間、一貫して日本らしさを失い続けているからだ。その結果、三島の目の前にあるのは、「無機的な、からっぽな、ニュートラルな、中間色の、富裕な、抜目がない、或る経済的大国が極東の一角に残るのであろう。それでもいいと思っている人たちと、私は口をきく気にもなれなくなっているのである」。[31]

三島が戦後日本を中間色、と定義していることが重要です。なぜなら日本は無色透明で、どこの国とでも入れ替え可能な特色しかもっていないからです。経済的な豊かさで自国らしさを定義している限り、それは不況に陥れば雲散霧消する不安定な自己像にすぎない。しかし本来、アイデンティティーとは、時代状況や景気によって左右されない価値基準ではないでしょうか。入れ替え可能な特色とは、実は何の特色もないということとおなじではないのか。三島の言葉を読んでいて、筆者はこのように思ったのです。

また他国との比較によって、自己像が変化するのもおかしいでしょう。アメリカの極東戦略の渦中で、あわただしく憲法が制定され、中華人民共和国の成立（一九四九）や翌年の朝鮮戦争への対応として自衛隊が作られたのだとしたら、この国のかたちは米国の思惑に左右されているだけではないか。日本国憲法と自衛隊もまた、「自分らしさ」を担保してくれるものとはいえないではないか。しかもこれらの上に、日本人は七〇年以上にわたり自由と民主主義というラベルのついた蓋をして、健全な国家だと思い込んできた。この言葉さえ唱えていれば、国際社会は振り向くものと思い込んでいるのです。

戦後日本は、本当に「日本」なのでしょうか。国際社会において、この国は「名誉ある地位」を占めることができているのか。

自由民主主義陣営vs.中国版G77

筆者はなにも、国内を覆う自由と民主主義こそが「自分らしさ」だという風潮を揶揄しているわけではない。自由を懐疑し、民主主義を否定して右翼と呼ばれたいわけでも、もちろんない。三島を参考に、天皇が新たな「令和日本のデザイン」たりえるかを考えているのです。

海外に目を向けてください。すでに本家アメリカにおいて、リベラル＝デモクラシーが限界点に達していることを指摘しておきました。一九八〇年代のレーガニズムは、アメリカ国内の分断を加速し、国際社会をグローバル化の渦に呑み込んだ。新型コロナ禍の何よりの教訓は、ウイルスが人間を介して感染する以上、過剰な人間の移動が世界を危機に陥れたということです。

感染拡大は、人間の自業自得である。危機がくる以前から、グローバル経済の危険性を指摘していた人が、はたしてどれくらいいたでしょうか。大学の「国際関係学部」の名称が示すように、日本人の多くはグローバル化を肯定的に受け入れてきたのではないか。

またもう一つ、海外で顕在化した事実があります。世界全体を見渡すと、自由と民主主義を掲げて行動する国家が、少数派になってしまったという事実です。筆者は最近、ある政治家たちとの勉強会で、外交に精通する政治家や官僚たちから、衝撃的な言葉を聞きました。それは中国のような、一党独裁の国家体制を支持する中小の国々が、今や世界では多数派であり、G7をもじって、「世界は中国を中心としたG77である」という指摘でした。

コロナ禍の拡大を阻止するために、先進資本主義諸国ですら、強制的な国家主導のロックダウンを行った。その先頭走者こそ中国にほかならず、その中国は世界で発展途上国や開発独裁国のリーダーとなり、G77と呼ばれている——。

現場にいるからこそ、生々しい実感を伴っている言葉に、筆者はつよい印象を受けました。**自由と民主主義は、国際社会においても危機に瀕していて問い直しを求められている**。少なくとも日本人が痛烈に自覚せねばならないのは、いくらこちら側が正義だと考える価値観でも、それがまったく通用しない国家が増え続けているということです。

向こう側とこちら側で、見ている世界地図は全然ちがう。自由も民主主義もない社会こそが、平穏に人びとが暮らすことができ、コロナの犠牲者が少ない理想国家だと本当に思っている独裁者もいる。しかも少数派でなく、多数派となり国際社会のスタンダードを変えようとしている。このシビアな事実をいったんは受け止めねばならない。日本もまた諸外国同様、既存の価値観を唱えているだけでは許されず、自分なりの自己同一性をつくることを求められる時代なのです。

戦後日本の三つの特徴

ここで話を戻すと、三島は戦後を逸脱と病理の時代とみていた傾向があります。そして二・二六事件の青年将校たちに、天皇と日本人とのあいだの理想的関係を見て取った。戦後日本への処方箋だと主張し、「日本」を取り戻すことができると説いたわけです。

蝕《むしば》まれた戦後日本は、三つの特徴をもつということができます。

第一に文化主義。

三島によれば、華道や茶道の心優しい文化は、平和を愛好する国民文化の代表とされ、いかにも無害な趣味のひとつになり下がってしまった。博物館に陳列され、福祉に貢献し、人類共有の文化財として安全に管理できるものが文化とされた。だが本来、文化とは、生命の源泉にむすびついた、もっと生々しい何ものかであるにもかかわらず、それを法律という水利政策で、氾濫の危険性をなくし、骨抜きにしてしまった。これが戦後なのだと三島はいうわけです。「すなわち、何ものも有害でありえなくなったのである」。[32]

とりわけ、本来の日本文化の特徴を、三島は「フォルム」だといいます。能の一つの型から、特攻隊の遺書、万葉集から前衛短歌、剣道や柔道、禅から軍隊の作法までを包含すると三島はいいます。

何か具体的な「もの」だけでなく、能の動作のように人から人に継承される「行動様式」、かたちなき動作が日本文化を象徴している。また武道や特攻隊からも分かるように、文化は共同体の血潮を吸って伝統につらなるものであり、博物館に陳列していれば済むような安心安全なものではないのです。

そうした血の通った文化の代わりに、日本人の心情を揺さぶったのが、第二の特徴である「民族主義」でした。

三島によれば、一九六四年の東京オリンピックは平和主義と民族主義の握手を象徴するものに過ぎません。私たちはオリンピックでナショナリズムが高揚する、などとしばしばいいますが、三島にすればそんなものは見せかけに過ぎません。平和や平等などのきれいごとと結びついた皮相な民族感情だというのです。

またベトナム戦争反対というインターナショナルな感情が民族主義と結びつくと、「反米帝国主義」という新たな民族主義が盛り上がります。三島はこれもまた「感傷的人道主義的同情」だとして認めませんでした。つまり第一の文化主義同様、民族主義もまた平和や人道を前面に押しだすことで、共同体を無色透明で不健全なものにしてしまったのです。

文化も共同体もその本来の姿を見失った状態、それが戦後日本だったわけです。よって第三の、そして最大の課題こそ象徴天皇制ということになります。

三島が注目したのは、終戦直後、憲法学者・佐々木惣一と倫理学者・和辻哲郎のあいだで戦わされた国体論争でした。佐々木が国体を政治的様式と精神的様式に分けたことをふまえて、和辻は、戦前と戦後には「政体」としての国体に変更は起きたが、精神的様式、つまり「文化共同体」としての国体は、いささかも変化していないと主張しました。そして「文化共同体」を司るのが天皇であり、戦後の象徴天皇制は日本の歴史と伝統を継承した歓迎すべき制度であること、むしろ戦前の立憲君主制の方が例外的な時期だと和辻は強調したのです。

つまり和辻は戦前を否定し、戦後を肯定した。象徴天皇制と戦後民主主義はイコールで結ばれ、肯定できる。しかも日本本来の伝統につらなるとまで和辻は考えたのです。

では三島はどうだったのか。三島は戦後ばかりでなく、戦前も否定した点に特徴があります。明治憲法下の天皇は、西洋的な立憲君主制であれ、儒教道徳の残滓をとどめた官僚文化であれ、ともに天皇の役割を政治のなかに閉じ込めてしまった。また戦後の代議制民主主義下のばあい、国民の自発的意思、すなわち投票によって「天皇制下の共産政体」ができあがってしまうかもしれない。事実、タイやラオスでは同様の事態が生じてしまっているではないか。

民主主義が共産主義を生みだす可能性を警戒した三島は、戦前＝立憲君主制であれ、戦後＝民主主義であれ、政治に天皇が従属しているかぎり否定的な立場をとったのです。

「文化概念としての天皇」という処方箋

かくして、三島が一貫して強調するのが、政治的象徴に代わる「文化概念としての天皇」でした。豊潤なエロスと血を想起させる母胎という言葉をつかいながら、三島は天皇を次のように定義します――「すなわち、文化概念としての天皇は、国家権力と秩序の側だけにあるのみではなく、無秩序の側へも手をさしのべていたのである」。[33]

この**「文化概念としての天皇」が、三島の考えた近代日本全体への処方箋**であることに注目してください。

安倍政権のばあい、憲法改正と自衛隊の国軍化をさして「戦後レジームからの脱却」といっていました。一方で天皇については、戦後の象徴天皇制の維持を主張するものと思われます。それを批判した白井聡氏のばあい、安倍政権を対米追従であると批判しつつも、戦後民主主義と象徴天皇制は維持されるべきだという護憲的立場を主張していたと思われます。安倍政権と白井氏の対立は深いように見えますが、象徴天皇制に対する評価という点ではおなじだといえるでしょう。

だとすると、三島の主張がもつ起爆力に気づくと思います。

三島のばあい、象徴天皇制それ自体を否定しているからです。これは安倍政権とも白井氏とも違う、独自の天皇と日本人との関係を時代に処方し、近代全体を乗り越えんとする主張です。そして唯一、三島が近代日本の歴史で憧れをもって語り、賛美したのが昭和一一年の二・二六事件でした。青年将校たちを題材にして、三島は『憂国』と『英霊の聲』を書いた。天皇と日本人の理想の「関係」を描こうと試みた。

その渦中で行われたのが、先の全共闘の学生との激しい討論だったのです。学生たちの戦後否定の気分に、三島は共鳴していました。そして学生たちに向かって、「もし一言、天皇とさえいってくれれば、僕は君らと手をつなぐことができるのに」と語りかけたといわれています。当然のことながら学生たちが受け入れることはありませんでした。三島は孤立感を深めていきますが、毀誉褒貶にさらされたということ自体、時代に影響力をもっていたと考える方が自然でしょう。

「美的一般意志」としての天皇とは

そのさなかで、三島の天皇論にたいし、重要な指摘をした人物がいます。

政治思想史家の橋川文三です。丸山眞男門下の鬼才として、『日本浪曼派批判序説』を世に問い、戦前のロマン主義文学研究から出発した橋川は、三島にとって放っておけない思想家でした。なぜなら三島が思春期に私淑し、文学的影響を受けたのがこの日本浪曼派グループの作品だったからであり、蓮田《はすだ》善明《ぜんめい》といった先達に導かれて、三島は第一作『花ざかりの森』を発表したからです。以後、橋川は三島のよき理解者であると同時に好敵手でありつづけます。その橋川が「文化防衛論」に鋭い批評を加えたのが、評論「美の論理と政治の論理」でした。[34]

タイトルから分かるとおり、橋川は、三島が天皇を「美の論理」と「政治の論理」で腑分けし、前者の側面を強調していることに理解を示します。そのうえで三島は、「文化の『一般意志』を象徴するものとして天皇を考えている」という衝撃的なまとめをします。橋川がいう「一般意志」とは、もちろんルソーの『社会契約論』にでてくる概念です。

ルソーによれば、個人の意志を単純に総和したものは「全体意志」に過ぎません。たいして、個人の意志の中から一つのネーションを生みだす統一的な意志のことを「一般意志」と呼び、特権的な地位をあたえました。集合的な意志であり、しかも絶対に誤謬をおかすことのない意志、これが「一般意志」なのです。そして日本において、日本人のあらゆる行動に統一と意味を付与する象徴こそ「美的一般意志」としての天皇だ、このように橋川は定義したのです。

この指摘は驚くべきことをいっています。

なぜなら普通、ルソーの『社会契約論』こそ、民主主義の古典中の古典だとされているからです。民主主義を全否定するための処方箋として三島は独自の天皇論を主張しているはずである。しかし橋川は逆の評価を下している。ルソーの民主主義論と三島の天皇論に親和性があるとすれば、それはいったい何を意味するのでしょうか。

安倍政権の「戦後レジームからの脱却」にたいし、批判するリベラル側は民主主義と象徴天皇制の擁護を語っていたはずです。しかしトランプ現象に翻弄されるアメリカでは、自由と民主主義の大国であるにもかかわらず、自国のアイデンティティーに限界を感じはじめている。リベラル＝デモクラシーを唱えているだけでは、国内の貧富や差別による分断を止められず、新型コロナウイルスは感染拡大しつづけてしまう。

しかもその脇からは、まったく異なる政治体制をもつ中国が、民主主義などあざ笑うかのように大国化してきている。マスク外交や一帯一路構想を掲げて、虎視眈々とアメリカの後釜を狙っている。こうした現状にあって、筆者は日本もまた、単純に自由と民主主義を叫んでいるだけでは、国際的地位も国内体制も維持することはできないと主張してきました。

だとすれば、戦後どころか近代レジームからの脱却を唱える三島の天皇論は、現代の処方箋たりえるのでしょうか。美的一般意志は「令和日本のデザイン」たりうるのか。三島の戦後民主主義批判と、独自の天皇論の射程を見定めるために、ここでルソーという迂回路を取ろうと思います。

「分裂」した人間

民主主義の祖、ルソーとは何者か。スタロバンスキー『透明と障害』は、筆者がこれまで読んできたルソー研究の中で、最も魅力と危険にみちた本です。この書に描かれたルソーは人間観察のプロとしてのルソーであり、小説家の三島由紀夫を理解するために非常に示唆に富んでいます。ごく簡単にですが、内容を見ておきましょう。

人間は引き裂かれた存在である――スタロバンスキーは、このように書き始めます。抜群の感受性をもつルソーにとって、人間は「分裂」した存在であり、矛盾した下らない生き物に見えました。三島が二・二六事件を経験し、衝撃を受けたのは一一歳のときのことでしたが、ルソーもまた幼少期の経験に基づいて、否定的な人間観をもったのです。

例えばある日のこと、一人静かに勉強していた台所に、女中の櫛が干してあった。女中がそれを取りに戻ると、櫛の歯が欠けていた。女中をふくめ大人たちは、ルソー以外部屋に誰もいなかったことから、彼を犯人と断定し詰問をくり返します。しかし実際ルソーには身に覚えがなく、無実の彼は混乱の闇に落ち込んだのでした。後にルソーは、確かに事件は些細なものだった、でもこの事件は自分の人間観に重大な影響をあたえたのだといっています。事件は、無実な私という存在と、罪人であるという外観、つまり二つに「分裂」した人格を生みだしてしまったからです。

ここからルソーは、二つの課題に直面します。

第一に、人間とは世界との不調和、あるいは苦悩を抱えた存在であること。「かれは存在と外見の不調和を観察することからはじめたのではない。かれはそれを苦しむことからはじめたのである」。[35] 生まれた瞬間の調和した楽園が壊れた結果、世界に根源的な違和感をもった存在、これがルソーの人間定義だったのです。

また第二に、人間同士は決して分かりあえず、しかも他者からの評価が自分を拘束し、決定し、善悪の評価を下してしまうということ。かつてはあった幸福な世界は崩壊し、バラバラになった人たち同士が、それぞれ誤解しあったまま生きている世界、個別の苦悩を抱え、他者を理解できない世界、それが人間社会ではないのか。「そしてこのときから、楽園は失われる。なぜならば、楽園とは相互の意識の透明と全体的な信頼すべき交流を意味したからである」。[36] 悲観的な人間イメージが、幼少期の体験によるものであることは、容易に想像がつくでしょう。

『社会契約論』が持つ意味

こうした状況を、ルソーは被膜が被い、透明さを奪われた世界だと考えました。私と他者とのあいだには障害があって、いつまでも分かりあえない。透明な世界とは楽園のいいかえであるが、それも過去のものにすぎない——これが『透明と障害』という著作のタイトルになっているわけです。

しかしこの生きにくさに、ルソーは傷ついていただけではないのだ、というのがスタロバンスキーの理解です。ルソーは否定的な人間像を前に、自分自身の手でこの世界を変えられるはずだと考えはじめます。何よりも「行動」こそが、ヴェールで被われた世界を変えるのだとルソーは決断します。原始的な森を逍遥し、桃源郷のような調和した場所に思いをはせ、時間に振りまわされずに生きている状態を夢想しました。あるときは、殺伐とした社会にすら、無垢な魂をもった素朴な人びとを発見し、「このままでよいのだ」と現実を受け入れました。またあるときは、道徳心に溢れた人びとがつくる理想的な民主主義政体を頭のなかで思い描き、『社会契約論』を書いてみた。

すなわちルソーは、思索することと行動することは、おなじことだと考えていたわけです。スタロバンスキーが描くルソー像は、次の文章のなかに特徴的に描かれています。最終部分の「自我の深部」という言葉に注意しながら読んでみてください。

ルソーは「なにものも破壊しない自然」を確信をもってもちだし、ヴェールを取りのけられた永久不変の存在をうたう詩人となるのだ。かれは自己のなかに根源的な透明に近い状態を発見する。かれは、自己が時代のはるか過ぎ去ったかなたに探し求めてきた「自然の人間」の「原初の特徴」を自我の深部にいまや見出すのである。[37]

ルソーは人間社会を「分裂」した社会だと見なしていました。自分と他人との間にはヴェールが覆っていて「障害」がある。それを取り除くことは、現実社会ではできません。したがって「自我の深部」の世界に閉じこもることで、「透明」な理想郷を夢想する。これこそが「行動」なのだ——このようにまとめることができるでしょう。

そして『学問芸術論』や『社会契約論』が示す通り、ルソーにとっての「行動」とは、具体的には書くこと、すなわち書物を世に問うことを意味していました。しかも書くことは、単なる文章制作を意味しません。ルソーにとって制作とは、この世に「神」を臨在させる作業を意味したのです。

ルソーは、人間社会とは深刻な分裂を抱え、他人同士が理解しあえない世界だと思っていた。人と人とのあいだには障害が横たわっており、この夾雑物を取り除くことは現実では不可能である。でもだからこそ、もう一つの世界、自我の世界に立てこもり、文字によって障害も分裂もない透明な理想郷を取り戻したい。それは神がいる世界を描くことにほかならない、したがって、『社会契約論』の「一般意志」も理想の共同体を表現したものなのだ、と。

『金閣寺』に見る政治的主張

さて、このようなきわめて哲学的なルソー論から、私たちは何を受け取ることができるでしょうか。自由と民主主義を懐疑し、独自の天皇論を戦後日本への処方箋として示した三島由紀夫とどう関係するのか。

それは次の三つのキーワードに着目することで分かります。第一に行動であり、第二に透明であり、そして第三が神です。これらルソーのキーワードを三島に置き換えると、第一はテロルと自死に、第二が革命であり、第三が天皇になるのです。

具体的に三島の発言を見てみましょう。

例えば三〇代に書かれた作品『金閣寺』の主題は、晩年の政治的主張と深いつながりを暗示しています。

コンプレックスを抱えた主人公の青年僧と金閣寺との関係を描いた作品で、三島はおよそ三つの主題を展開しています。それは虚無であり、美であり、行動が人間にとってもつ意味です。小説が展開される場面は、戦時中であり、悲報が次々と届く暗い時代を養分として、金閣寺はますますその美しさを増してゆく。なぜなら空襲が日常と化していた当時、金剛不壊に見える金閣寺も明日は何ら保証されていないのであり、いつ灰燼に帰すか分からない。その危うさが金閣の魅力を増幅していくわけです。

したがって、時代には何一つ確定的なものはありません。誰がいつ死ぬのか、どこに爆弾が落ち、一〇〇〇年を誇る都が焦土と化すか分からない。金閣すら明日この場所にある保証はないのです。こうした非日常が日常となった時代、緊張感が常態である時代を生きた三島は、そこから金閣の存在をとおして、この世は「虚無」であると看破しました――「細部の美はそれ自体不安に充たされていた。それは完全を夢みながら完結を知らず、次の美、未知の美へとそそのかされていた。そして予兆は予兆につながり、一つ一つのここには存在しない美の予兆が、いわば金閣の主題をなした。そうした予兆は、虚無の兆だったのである。虚無がこの美の構造だったのだ」。[38]

この深いニヒリズムと諦念をどう克服するのか。それでもなお、人が生きねばならないとして、どう生きるべきなのか。これが終戦後、三島に課された問題でした。

人びとは戦後民主主義を寿《ことほ》ぎ、戦時中の虚無を忘れ、経済的豊かさに耽っている。しかし三島は**アイデンティティーを戦後民主主義や金銭によって埋めることはできない**と考えていました。民主主義はアメリカから輸入した価値観にすぎない。経済的成功は他国に抜かされれば消え去る、つかの間の自己満足にすぎない。いずれの価値も、「日本」に独自のものとは到底いえず、歴史も浅く、どこでも通用する普遍的価値にすぎない。

三島はある意味、戦時中に置き去りにされています。そして戦後こそ、戦時中の虚無にまさるニヒリズムの時代であり、克服されねばならないと考えたのです。

「行動」と天皇

かくて三島にとって「行動」こそが、目標となります。憲法を改正すること、自国の独立を自国の軍隊で守ることが「行動」の基準です。自衛隊に体験入隊したこと、剣道の稽古をすること、陽明学や『葉隠《はがくれ》』を読むことは、すべて「行動」に直結していました。

『金閣寺』では、コンプレックスを抱え、女ひとり口説けない主人公は、「認識」の人として描かれます。この状況を打ち破り、女を抱くという行動にでようとする時、必ず目の前に金閣が現れる。金閣寺の「美」は認識の象徴であり、行動を断念させるものなのです。[39] だからこそ主人公は、強迫的に金閣に火を放ち焼き尽くす必要があった。これほど行動的な行動もないからです。

ここまでくれば、『金閣寺』の主題が、晩年の右傾化した三島に一直線につながっていることが分かります。三島が二・二六事件の青年将校を賛美したのは、彼らの行動が純粋だったからにほかなりません。天皇と臣民とのあいだには、夾雑物としての財閥や腐敗した政治家がいる。彼らの存在を抹殺する行動こそ、天皇による昭和維新、すなわちテロリズムによる革命だったのです。

筆者は先に、ルソーの特徴を行動、透明、神へのあこがれだと指摘しました。それを三島でいい直せば、テロルと自死であり、革命であり、天皇になるともいっておきました。二・二六事件とはこの世から「障害」をとりのぞき、天皇という「神」とともにある「透明」な世界へのあこがれにほかなりません。実際、次の三島の文章は、驚くほど『透明と障害』に描かれたルソーに近づいているといえるでしょう。

あらゆる制度は、否定形においてはじめて純粋性を得る。そして純粋性のダイナミクスとは、つねに永久革命の形態をとる。すなわち日本天皇制における永久革命的性格を担うものこそ、天皇信仰なのである……かくて二種の極限形態は、このような倫理的憤激の最終的な責任を、自己に負うか、他者に負わせるか、という反対の方向へ裂かれるであろう。40

日本では永久革命は天皇を中心におこなわれる。革命とは、財閥や腐敗した政治家などの夾雑物を取り除き、純粋な日本を現出させることだろう。そしてこのような極限状態をつくりだすためには、怒りの感情を「自分に負うか、他者に負わせるか」という二種類の方法、すなわち自死かテロリズムによる他者抹殺しか方法はないのだ——三島はこのようにいい募るのです。

自由と民主主義に代わる価値

筆者は三島の「行動」に、魅力とともにある危うさを感じます。なぜなら三島が主張する行動は、常に自死とテロリズムを想起させる過剰さを含んでいるからです。

先の第二章で、筆者はドイツの法哲学者カール・シュミットの議論を紹介しました。シュミットによれば自由主義と民主主義は区別すべきであり、民主主義は多様な意見を一つの政治的決断にまでもっていく制度でした。一方の自由主義は、討論という名のおしゃべりを延々と行うことをヨシとする制度です。シュミット自身は前者を肯定し、後者を否定しましたが、重要なことは、ここで自由と民主主義をめぐって「時間」が注目されているということです。議論をすることの「遅さ」にシュミットは注目しているのです。

誰しも知るように、**政治の世界とは、熟慮と交渉を必須とします**。つまり調整の時間という「遅さ」を必要とする。おそらく三島はこの「遅さ」に耐えられなかったのではないか。つまり、政治の世界にあまりにも過激な「行動」を持ち込みすぎてはいないか。

橋川文三が、三島の「文化概念としての天皇」を、「美的一般意志」と名づけ批判したのも、これに関連しています。つまり橋川は、三島は政治が宿命的に抱える嫉妬や駆け引きといった不純さを分かっちゃいない、といいたかったのです。

筆者ならばここに、ルソーもまた政治を分かっちゃいないといいたい。近代日本の知識人に影響を与えたことは認めるとしても、権謀術数渦巻く政治の世界では、美あるいは純粋は夢想してはならない。直情的な行動はもちろん、あり得ないのです。三島は戦後民主主義を否定するために、天皇と日本人の関係の復活を願った。しかし彼が恋焦がれた関係は、「純粋」を追求した点においてルソーの民主主義とおなじだったのです。

このように考えたとき、三島の戦後民主主義批判と天皇論には限界があるといわざるを得ません。安倍政権が主張した「戦後レジームからの脱却」とは、第一に憲法改正であり、自衛隊の国軍化を意味する。その上で、安全保障環境では日米同盟を基軸とし、象徴天皇制は保持すべきだと考えている。

それを批判した白井氏によれば、日米同盟こそ戦後レジームなのであり、「戦後のアイデンティティー」だということでしょう。安倍政権はレジームを強化する側にいることになります。しかも戦後民主主義を国軍化によって踏みにじり、民主主義を擁護する天皇にたてつく、象徴天皇制への挑戦者ですらあるわけです。

逆にいえば、白井氏らリベラル陣営は、対米自立を主張しつつ、憲法改正や自前の軍事力をもつことには躊躇《ためら》い、さらには象徴天皇と戦後民主主義を守ろうとしている。

筆者は再三、戦後民主主義こそ「戦後のアイデンティティー」であり、限界を迎えていると主張してきました。そのとき三島は、戦後民主主義はもちろんのこと、象徴天皇制すら否定しようとしました。その先に、日本の歴史と文化に基づく、天皇と日本人の理想の関係を取り戻そうとしたのです。自由と民主主義に代わる価値を、日本人に処方しようとした。自己同一性を取り戻し、国家像を示そうとした。

しかし、それはあまりにも性急な作業であるように筆者には見えます。「令和日本のデザイン」にどのような示唆があるのか。もう少し時代状況を述べてからにしましょう。

第五章　自助・共助・公助とはなにか

理念型・安倍から実務型・菅へ

安倍晋三氏の後継として、昨年九月一六日に発足した菅義偉政権は、「国民のために働く内閣」を掲げて登場しました。菅氏が第九九代内閣総理大臣のポストを獲るにあたり、岸田文雄氏と石破茂氏と自民党総裁選を争ったことは記憶にあることでしょう。

菅内閣は発足早々、携帯電話の料金引き下げや行政改革目安箱の設置、小泉進次郎環境大臣には国立公園の魅力アップを指示するなど、矢継ぎ早に国民の興味をひく政策で、政権の新鮮さをアピールしました。しかしその後はむしろ、発信力の不足が指摘され、コロナ禍への対応も迷走している印象をあたえてしまいました。支持率は政権発足からわずか三カ月で急落し、とりわけＧｏ Ｔｏ キャンペーンの年末停止は国民の支持をうしなう大きなきっかけになってしまったようです。

安倍氏は、しばしば理念型の首相だといわれました。憲法改正や安全保障問題にくわえ北朝鮮の拉致問題など、主権や外交、防衛において明確な国家像をもち、理想の国づくりを掲げたからです。とりわけ第一次政権時には「美しい国」という理念を前面に押しだして出発しました。しかし一般に、外交防衛といった大きな課題、日常生活に直接かかわらない課題は、国民の興味関心を引きにくいといわれています。

安倍氏の祖父にあたる岸信介政権は、日米安保条約改定を実現し、日米関係の対等化をめざした理念型の首相として、毀誉褒貶にさらされました。その結果、退陣後の池田勇人内閣は所得倍増計画をぶちあげ、国民の多くは高度経済成長を寿ぐことになったのです。

菅政権の三つの特徴

以後、国民は外交防衛よりもみずからの豊かさの実現に関心を集中させました。公的な課題よりも、私的な経済的欲求によって「自分らしさ」を満たしてきました。三島由紀夫の怒りはこうした日本人のあり方に向けられたものでした。しかし三島の蹶起は嘲笑され、憲法改正や安全保障への問いかけは、バブル経済の狂騒曲によってかき消されました。バブル崩壊後は経済成長の回復ばかりが、国民の関心を引きつけてきたのです。

安倍政権は、岸と池田の一人二役を担ったといってよいでしょう。第二次安倍政権は一転してアベノミクスを掲げ、デフレ脱却と経済成長、雇用の拡大を強調した。一方で、東京オリンピックまでに憲法改正を実現したいという思いも吐露し、理念的な政権運営も同時に目指しました。

理念型の政治は、憲法改正など国家像を問い直すことを意味しますから、勢い知識人の興味をひきやすい。安倍首相を悪の権化のように批判する言論が多かったことは、前章の白井氏の例をみても理解できると思います。

その点、菅氏は実務型の首相だとしばしばいわれます。携帯電話料金の値下げ一つとっても、個別の政策を着実に実行しようとするタイプであり、大きな国家像を描く理念型ではないというわけです。

しかし菅氏の発言をじっくり見てみると、大きく分けて三点の注目すべき発言があります。

第一にデジタル庁に代表される前例打破と規制緩和、第二に自助・共助・公助の強調であり、第三に地方分権、すなわちふるさとの重視です。これこそが、菅政権の国家像を知るための手がかりになると筆者は思います。またここから、筆者が考える自由と民主主義に代わる国家像、日本の自己同一性、すなわち「令和日本のデザイン」を考えるヒントも導きだせるのです。

防災省提言に見る新たな国家像

まずは自民党総裁選まで時間を遡り、第一の論点を見てみることにしましょう。

総裁選が終わった後も筆者の興味を引いたのは、総裁選の最中、三氏によって提案された省庁再編についてでした。具体的には、菅氏がデジタル庁を、岸田氏がデータ庁を、石破氏が防災省の設置を提言したことです。令和の日本がどのような顔をもった国づくりをすべきなのか、米中対立など変化の激しい国際環境で、自己同一性をどう保つのか。政策論よりも文明論として、三氏の提案は面白いと感じたのです。

総裁選が終わってから時間がたった今、三氏の誰を支持するかを論じても意味がありません。以下で筆者が論じてみたい点は、自由と民主主義の耐用年数がすぎ、新たな自己像が求められている時代に、いずれの国家像が意義あるものかを検討することにあります。

結論からいえば、筆者が最も評価したのは防災省の設置でした。具体的な省庁再編というよりも、時代状況を理解する象徴的存在として評価すべきだと思ったのです。どういう意味か、順を追って説明していきましょう。

まず防災省以外の提案を見ておくと、デジタル庁やデータ庁が提案された理由は、次のように説明できる。今回のコロナ禍の第一波が頂点に達した際、話題をさらったのはマイナンバーカードの普及率の低さでした。電子化の遅れた地方自治体では、職務能力を超える膨大な書類のチェックに忙殺され、担当職員にも国民にも負担を強いた原因は、わが国の紙・はんこ文化にあるというわけです。

これを改革すべく提案されたのが、デジタル庁でありデータ庁だということになります。業務効率の徹底化を目指しているわけです。デジタル庁という提案に対して、与党批判で飯をくう知識人には、「菅内閣のデジタル庁は、権力による情報管理と国民監視強化につながる！」という人もいます。しかしこの手の批判もまた、相変わらずの「竹内図式」、権力vs.市民に閉じ込められた思考停止の意見であることは、いうまでもありません。

問題はむしろ次の二点にある。

第一に、監視国家・中国の方が感染拡大の封じ込めに成功している事実を、どう評価したらよいのか。第二に、デジタル庁はあくまでも業務効率化などの手段に過ぎず、それによって何を目指すのか、目的が示されていないことにあります。

このように考えたばあい、筆者は防災省こそ重要な問題提起であり、はっきりと目的を指し示すと考えたのです。

暴力化する現代

理由はこうです。現在の私たちを取り巻く環境は、国際社会でも国内問題でも、加速度的に暴力化が進んでいる。暴力化とは、国際環境では国連の理念が衰退していることが挙げられます。トランプ大統領は、国内の分断をいとわない暴言をくり返し、国連主要機関からの撤退をほのめかす。権力の空白を中国が埋めていく。

たとえばコロナ禍発生直後、ＷＨＯトップであるテドロス事務局長は、感染拡大はパンデミックの状態にはなく、また中国発である事実もないと発言し物議をかもしました。彼の出身国エチオピアが、中国の経済的支配下にあることが影響しているといわれています。ＷＨＯだけではなく、今や中国の拠出金に影響され、多くの国や国際機関が中国寄りの発言を強いられている。

またそれ以前の二〇一六年にも、フィリピンが南シナ海の領有権問題をめぐって、国連海洋法条約に基づき申し立てた裁判がありました。このとき仲裁裁判所がくだした判決にたいし、中国の元外交担当トップが、「ただの紙くずだ」と発言し受け入れない姿勢を示したのです。法の支配を無視して国益を赤裸々に追求する中国の姿勢は、まさに暴力的です。

すなわち米中主導の現状は、「国際秩序など、しょせん力の強い国のいいなりだ」という**暴力的な世界になりつつある**わけです。崇高な理念が紙くず同然の価値になり下がっている。

一方で、日本国内はどうでしょうか。激甚災害が相次ぎ、自然の暴力が支配を顕在化させている。自然災害を考える際には、最低でも一〇年前の東日本大震災にまで遡る想像力が必要です。二万人近い日本人がこのとき命を落としている事実を、忘れるわけにはいきません。

以後、この一〇年を見るだけでも、熊本や北海道を地震が襲い、全国的に毎年のように巨大台風と風水害に見舞われている。東京都心部の被害地域が、近年開発が進んだ多摩川などの河川沿いだったことは象徴的です。一見、風光明媚に思える場所に競って高層マンションを建てることができたのも、もとをただせばそこが最後のフロンティア、つまり空き地だったからです。理由は簡単で、低地だったからであり、洪水に見舞われやすい湿地帯だったのです。そうした生と死の基本的な事実を、私たちはすっかり忘れてタワーマンションを建てていた。そこに生々しい暴力が襲ってきたのです。つまり私たちは国内外ともに、「死を回避すること、生命を維持すること」という原始的な発想に回帰しつつあるわけです。

だとすれば、「自衛隊の救助が来るまでの三日間、どう生き延びるのか」「火をどうやって起こして暖をとるのか」「津波から逃げるにはどこに走るか」「国際社会で日本はどうやって生き延びるのか」といった、生の基本を学ぶ時代が、いよいよやってきたのではないでしょうか。

生と死を身近なものとしてとらえ、考えることこそ、ふたたび求められているのではないか。

防災省は、日本人がどう生き延びるのかを考える省庁＝象徴だと思ったのです。

このような考えは、筆者が以前、福島県いわき市に住んでいて、東日本大震災の直接の被災者となったことも関係しているかもしれません。被災者の一人としてボランティアに参加した一〇年前のゴールデンウィーク、一日の作業を終えた後、筆者は瓦礫を積みあげに近くの小学校を訪れました。うずたかく積まれた瓦礫の山、黒々と盛りあがった廃棄物を前にして、筆者はこうした光景をどう思想的に位置づけるべきか、言葉を失いました。

昨日までは想像もしなかった非日常が、目の前に存在している。非日常が日常と化している。卒業式をするはずだった体育館には、避難民があふれていた。震災の悲惨さを語る言葉はいくらでもありました。でもこうした状況をどう「考える」べきか、思想書や哲学書を参照した思索的営みは、どこにもなかったのです。

今回のコロナ禍もまた、同様の問いを突きつけてきた。津波は建物全体をなぎ倒し風景を変えますが、ウイルスは何も変えずに人影を奪うことができた。東京のオフィスビルも飲食店も壊れていません。にもかかわらず、人が消えてしまった。非日常が猛然と姿をあらわし、ここでも暴力はたしかに存在したのです。

「神話的暴力」と「神的暴力」

こうした状況をどうとらえたらよいのか。筆者には手がかりがありました。ドイツの哲学者ベンヤミンとカール・シュミット、そしてイタリアの哲学者アガンベンの議論です。第二次大戦の極限状態を糧《かて》に思索したベンヤミンとシュミット、その思想から大きな影響を受けたアガンベンは、非常事態が常態と化したばあい、人間がどのような行動をとるのかについて考えぬいた思想家です。いいかえれば、東日本大震災やコロナ禍といった日常の秩序が壊れた状態について考察をおこなう際に、彼らは示唆的だということです。

ベンヤミンにとって、日常的秩序は法と国家だとされています。法における善悪の基準、国家における国境の範囲は、権力の座についた者が独善的に措定してしまうものである。それは暴力的な線引きであるにもかかわらず、法も国境も一旦制定されたら変えられないようにしてしまう。動かしがたいものであり、由緒ある価値や規則だと私たちは思いこまされてしまうわけです。

でもそれは作り話に過ぎないのではないか。ベンヤミンは彼独自の概念を用いて、法と国家を「神話的暴力」と名づけました。それにたいし、価値や秩序に疑問をもち、壊すための暴力を「神的暴力」と名づけて区別し、肯定しようとしたのです。具体的には、プロレタリアによる暴力革命こそ「神的暴力」なのであり、作り話の法や国境を壊して、乗り越える力として肯定すべきだとベンヤミンは考えました。

ところが一方で、暴力とは何であれ、端的に破滅ではないのか。このように反論したのがシュミットとアガンベンだといえます。先述のように、シュミットは「例外状態」という概念で戦争などの非常時を定義しました。第一次大戦後のワイマール体制が崩れてゆく中で、自由主義者たちはおしゃべりばかりしている。多様性の尊重などといって、議論だけして結論をだすことができない。

だが本来、政治とは例外状態に対して決断を下すことではないだろうか。友と敵をはっきりと区別したうえで、敵を殲滅することを意味しているのではないか。自由主義とは異なり、民主主義は多数決で一つの結論を導きだす装置である。だからこそ、民主主義による独裁が必要不可欠なのだとシュミットはいったのです。

「〜からの自由」と「〜への自由」

ここでベンヤミンとシュミットという二人の哲学者を紹介したのは、彼らの法や秩序、日常といったものにたいするイメージが正反対だからです。

ベンヤミンのばあい、法や国家などの秩序の存在は、自明の前提とされています。ベンヤミンが強調するのは、既存の価値観からの解放、すなわち「〜からの自由」なのです。解放をあたえてくれる力は「神的暴力」と名づけられ肯定の対象となる。

一方のシュミットのばあい、一切の秩序や日常は想定外の暴力、たとえば戦争によって勝手に瓦解すると考えられています。**日常は一瞬でも気を抜けば戦争や暴力が露出し、例外状態へと化けてしまう**のです。シュミットにとって、例外状態の方こそ常態なのであって、むしろ秩序こそ、たとえ独裁者を登場させてでも取り戻したいという立場なのです。そして両者のちがいをはっきりと認識していたのが、アガンベンでした。たとえば彼は、『例外状態』という著作のなかで、次のように述べています。

例外状態をめぐってベンヤミンとシュミットとのあいだで交わされた論争において賭けられていたものが何であったのか、いまこそいっそう明確に定義することができる。……究極的には人間の行動の暗号としての暴力の地位なのだ。暴力を法的コンテクストのうちに書きこみなおそうと事あるごとに努めているシュミットに対して、ベンヤミンは純粋暴力としての暴力に法の外部にあっての存在を保証しようと事あるごとに努めることによって応じているのである。[41]

シュミットが「暴力を法的コンテクストのうちに書きこみなおそうと事あるごとに努めている」という部分に注目すべきです。これはシュミットが混乱した状態を収拾すること、必死に法という秩序を取り戻そうとしていることを意味しています。つまりシュミットは、「〜からの自由」ではなく、「〜への自由」を求めていたということです。

東日本大震災であれ、コロナ禍であれ、私たちが学ぶべきことは、非常時がもつ恐ろしさです。自分が営む居酒屋が、今日は朝九時から深夜まで営業できたからといって、明日もできるとは限らない。瞬く間に津波に呑み込まれ、店は跡形もなく消えるかもしれない。感染症対策で営業自粛を要請され、客足は遠のき、順調に拡大していた店舗は閉店を余儀なくされるかもしれない。一〇年間たゆまず築きあげてきたものが、二カ月足らずで雲散霧消してしまうかもしれない。日常の背後にはいつもべったりと非日常が、自己同一性の危機が張りついている。

筆者が、防災省こそ現代社会を考えるうえで重要だといったのも、この点にかかわります。私たちは今や、極めてプリミティヴなことを考えねばならない時代を生きている。店舗を拡大することよりも、どうやって現状の解体を防がねばならないかに注力しなければならない時代を生きている。ベンヤミンの「～からの自由」ではなく、シュミットの「～への自由」の時代が到来したということです。

生と死を等分に考える必要のある現代は、法や国家、あるいは会社もそうですが、単純に組織に不平不満を言い散らし、批判していれば済むものではない。逆に法や国家の保護を必要とする人たちが、東京都庁前の広場に衣食住を求めて殺到している時代なのであり、組織に所属してこそ得られる自由、「～への自由」について、真剣に考えるべきではないのか。

フリーランス賞賛、非正規の不安

にもかかわらず、ここ一〇年来の日本人は、相も変わらず「～からの自由」を正しいと誤認してきたように思います。フリーランスの人材こそ、組織から自由で、充実して仕事に取り組んでいるといい、創造的発想の源泉として賞賛してきたのではないですか。

一九九〇年代にまで遡れば、アメリカのレーガノミックスを輸入し、相次ぐ規制緩和と市場競争を正しいとみなした。ルールを廃止すれば自由な発想が生まれ、イノベーションが起きるとされてきた。コロナ禍直前までのフリーランス賛美は、九〇年代の日本と八〇年代のアメリカにまで遡る人材イメージだったのです。

この背景にあるのは、これまた第一章でみたモイセス・ナイムの発言です。ナイムの論理が重要なのは、社会の構造変化を文明論として説明しているからでした。彼の主要論点の一つは、相対化と無秩序への警告です。相対化とは、複数の価値観が乱立しているカオス状態のことを意味します。「障壁の消滅」という概念やチェスの世界チャンピオンの例を用いて強調していたのは、今日、私たちには絶対的なチャンピオンが不在であること、不動の地位を譲らない統一的価値が存在しない状況です。「障壁」とは唯一無二の存在のことですが、その崩壊が起きてしまい、小粒な人間たちによる競争状態が生まれてしまっている。赤裸々な闘争は、まさしく暴力的な現在の社会状況を指摘したものだといえるでしょう。

このナイムの議論を参照したばあい、日本社会もまた確実に「多様化」しています。多様化にカギ括弧をつけたのは、読者の多くはこの言葉にプラスのイメージをもつと思うからです。

たとえば、バブル経済華やかなりし八〇年代、多様な働き方はフリーターという言葉を生みだしました。会社組織に所属して終身雇用にしがみつくおやじ世代の生き方は窮屈である。「24時間戦えますか（中略）ビジネスマン　ビジネスマン　ジャパニーズビジネスマン」というCMを打った会社もあったくらいで、こうした生き方を否定し、所属を嫌い、自己実現の追求を肯定した時代が八〇年代だったのです。「〜からの自由」の全盛時代でした。

しかし令和の現在、フリーターに肯定的な響きを感じる人は、まずいないでしょう。非正規雇用と翻訳すれば、なおさら否定的な響きがします。多様性もおなじなのであって、**現代では、多様性とは統一性を欠いた無秩序、**政府の政策では支えきれない漏れがでてしまうカオス状態を指すのです。

野球選手の例

すなわちコロナ禍は「〜からの自由」の終わりを教えてくれた。この自由が、上司からの圧力なく自分でやりたい仕事ができることを意味せず、むしろ一旦社会構造に変化が起きれば即座に崩れる、とても弱々しい自由であることが明らかになったのです。

問題は、こうした事実があるにもかかわらず、日本社会がなお競争を煽り、規制緩和を進めようとし、フリーランス人材を賞賛している事実です。

これがいかに問題多き考えであるかは、日本人を分類すると分かります。私たちが所属を拒絶し、移動し、自分らしさを追求する自由をイメージするばあい、最もよい例は野球選手だと思います。彼らは個人的才能だけを頼りに、身一つで球団を渡り歩き、海外まで視野に入れて自由自在に移動します。既存の関係を捨てても、次の場所で新たな関係を築き、一人で金銭を獲得することができる。

彼らとおなじ動きをするもう一つのグループがいます。それが非正規雇用者です。非正規雇用者もまた、明日はどこに移動する／させられるか分かりません。個人的能力だけに依存すること、既存の関係を頼りにできないこと、移動を余儀なくされること、この三点において、非正規雇用者は野球選手ときわめて似た行動様式をとっている。「〜からの自由」は、会社から放りだされる不自由であり、何より安定的な人間関係を期待できない日々を生きるわけです。

つまり個人的才能の多寡によって、野球選手にとっての自由は、非正規雇用者には不安と同義語だということです。そして野球選手と非正規雇用者のあいだに、いわゆる中間層と呼ばれる人びとが存在している。彼らは毎日毎年、おおよそおなじ場所で働き、おなじ人間関係に所属し、激しい移動とは無縁の生活リズムを刻んでいる。そしてこの種の人たちこそ「～への自由」に属する人たちなのです。

社会全体でフリーランスが増えるということは、日本国全体が脆弱性を増していくということです。一旦、世界規模の危機が到来すれば、人間関係が瓦解しやすい構造になったということです。にもかかわらず、日本は九〇年代以降も、率先して「～からの自由」を推進し、野球選手型の人材が輩出できると考えつづけてきました。激しい流動が不安定ではなく、自由だと勘違いしてきた。

こうした自由ばかりが強調されてきたのはなぜか。それはこの自由の基礎が、個人主義にあるからです。一個人の自由を絶対的に重要なものとみなし、何よりもかけがえのない絶対善の位置に鎮座させたからです。個人主義もまた自由や民主主義同様、戦後の日本を支配した第一の価値観、すなわち「戦後のアイデンティティー」だった。一九九〇年代以降の一連の規制緩和や新自由主義経済は、戦後的価値がより徹底化されたともいえるのです。

進歩・変革・有用性の時代

筆者の考えでは、**創造的な発想は、規制緩和や「～からの自由」を叫んでもでてきません。**過剰な個人主義からもでてこない。恐らく逆であって、今の日本にはある種の精神的な安定を供給すべきであり、「～への自由」という基盤があってこそ、新鮮な発想や個性が生まれてくると思うのです。

筆者がこのように考えるのは、イギリスのある政治学者の論文が念頭にあったからです。ロンドン・スクール・オブ・エコノミクスの教授であったマイケル・オークショットは論文「保守的であるということ」の中で、三つの示唆的な考察を行っています。

第一は、オークショットが生きた二〇世紀半ばの現代社会分析です。

第二に、それに基づいた保守的な態度一般の特徴と必要性が示され、第三に、保守的な態度による政治とは何かについて論じている。

第一に、オークショットにとって現代とは、進歩・変革・有用性をプラスの価値と考える社会でした。私たちはつねに「最新である」ことをよいことだと考え、変化することと自体を目的としてしまう。変わることは無条件に前進であり、正しいとされ、進歩しないことは後退しているとマイナスの評価を受けるのです。その結果、現在ある秩序や価値観は変えねばならない制度とみなされ、私たちの心は現状への不平不満にかき乱される。心が安定することはなく、前へ前へと駆り立てられてしまう。進歩と変革は、人の心を現状への不平で満たすのです。

現代人同士が結ぶこうした関係は、他人を有用性の観点から見ることにつながります。例えば店の客は、自分が求めている商品を提供できない商人がいれば怒るか、相手にしなくなる。召使は主人にたいし、報酬が悪ければ対立し、賃上げを求める。野球選手が代理人と契約しても、仕事上使えなければ即座に解雇するだけのことです。

つまりここでの人間関係は、成果や報酬の多寡だけが大事なのであり、求めたものが得られなければ、関係は消滅してしまう。利益、報酬、褒賞にだけ支えられた契約関係は、人間同士の関係をつかの間のもの、安定性を欠いたものにしてしまう。

他人を代替可能だと考え、かけがえのない個性、その人でなければならない理由を探すこともない。

それは、流行を追いかける時代風潮とおなじなのであって、最新の商品が価値あるものとされ、気まぐれに毎年毎年乗り換えつづける。「それでなければならない」という馴染んだ関係こそ、現代社会とは無縁の関係性なのです。

つまり、こういうことです。

いつの時代であれ、流行や進歩、変化というものは存在する。しかし進歩や変革を人間の生き方の第一の基準にしてしまうこと、社会をつくる際の価値基準の座に鎮座させてしまうことは、大いに誤りだということです。人間関係の第一の特徴が変化しつづけるものとなることで、安定性を欠き、つねに不平不満を抱えいら立つ人間同士が、相手を消耗品のように取り扱う社会ができあがってしまう。

オークショットが恐れたこと

はたして変化とは、つねに正しい未来を約束しているでしょうか。先の部分につづけてオークショットがいうように、変化とは剝奪のことであり、友人が突然死亡することであり、亡命を余儀なくされることであり、不運な事態が起きることなのかもしれないのです。「変化とは同一性に対する脅威であり、あらゆる変化は滅亡の兆しだからである」。[42]

だから例えばマサイ族は、かつての故郷であるケニアからの移動を余儀なくされたとき、新たな土地の丘や平原や川に、かつての場所の地名をつけたのです。著しい変化を恐れたからであり、あたかも変化が起きなかったかのように振る舞うことで、荒野の中に置き去りにされた不安をどうにかやり過ごし、滅亡の恥辱を免れたのだ――。

こうしたオークショットが批判した進歩と変革、有用性に基づく人間観こそ、新型コロナ禍の私たちが生きている世界ではないですか。

筆者は野球選手やフリーランス人材の生き方それ自体を、批判しているのではない。ただ彼らの生き方を社会構造の中心的価値、モデルにすることに反対しているのです。つねに新天地を求めようとする進歩主義、来年は他球団と契約しているかもしれない変化の連続、故障すればその場で雇い止めとなり、新規の人材で穴埋めすればよいという有用性に基づく人間像。徹底した能力依存の個人主義は、ごく少数のエリート選手と、夥《おびただ》しい数の戦力外選手を生みだしてしまう。社会関係のモデルを、野球選手型にするのは、極めて危険だといいたいのです。

オークショットが、こうした社会を「自己同一性が解体」しているといっていることが重要です。筆者は本書で、再三にわたり日本が直面する危機を自己同一性の危機だといってきた。「戦後のアイデンティティー」である自由と民主主義に代わり、「令和日本のデザイン」を模索すべきだと主張してきた。

保守的な態度こそが、自己同一性を保持し、現代の殺伐とした人間関係を回避する道を教えてくれると思うのです。

オークショットの保守主義

オークショットによれば、保守とは、現在にたいして愛着をもつ態度のことです。完璧な世界を目指して将来ばかりを見つめるのではなく、現状の手元にあるものに愛着を感じ、自分に馴染ませていく態度です。完璧な世界を求めた結果、必ずそれが得られるとは限らない。むしろ現在あるものすら亡失するかもしれないことを、保守は警戒するわけです。

年齢を重ねるほど神仏を拝み、航海の安全であれ無病息災であれ、「何もない」ことを祈念する態度こそ、保守の典型的な態度です。「何かが起きる」とは、若者には明るい未来のイメージだとしても、年を重ねた者たちは、死や災害などのマイナスな事態が起きると考える。

この一見、懐古的で臆病に見える保守的態度が重要なのは、その人間観が次のようになるからです。個人の精神においては不平不満にいら立つことを戒め、また人間関係においては、有用性の眼でもって他人を見ることを戒める。

オークショットが挙げている例でいえば、それは友情です。

友人との関係には、自分にとって利益があるかどうかという有利性はありません。GDPを向上させることにも、一切役立ちません。利益や効率を高めるためならば、友人との歓談は無駄なおしゃべりになるでしょう。彼との交流は、何ももたらさないからです。

しかし私たちは、こうした合理性から外れた無駄な時間があればこそ、心機一転して変化多き時代と格闘できるのではないですか。**進歩・変革・有用性に基づく人間関係が、刹那的なつながりであり、時間の積み重なりを無視している**のにたいし、友情は何より時間が必要でしょう。子供のころからの知り合いでありつづけること、時間が友情をはぐくむこと、「遅さ」と「代替不可能性」こそ、友情を生みだすのです。

かくして保守的な心性は、不平不満より愛情を、有用性より友情を、社会の中心的価値にすべきだという立場になるわけです。

ここで第三に、保守的な態度による政治とは何かがでてきます。

オークショットによれば、合理的な人間が行う政治こそ、警戒すべきものです。合理性を政治的価値の中心にすえる限り、現在のわれわれの生き方にある多様性や個性の衝突、つまり非合理な部分は無駄なものに思えてくる。よって統治者は、こうした余計な部分を排除し、社会を効率よく運営し、無駄と思えるものをどんどん切り詰めるようになる。その際、人びとを自らの改革に従わせるためにも、理想世界を未来に設定し、煽動することになります。動員した人びとにたいし、将来は約束されており、亡失の心配など一切ないと騙《かた》る。しかし「夢を見ることと統治することを連結すると、それは圧政を生むのである」。[43]

オークショットの保守主義は、当時のイギリス労働党と社会主義のユートピアに対する警戒に基づいたものでした。彼が描いて見せた社会像と、それへの処方箋である保守的人間関係は、令和の日本を考える際にも、大いに参考になると思われます。

ふるさとを捨て続ける歴史

たとえば、菅政権が発足当初、「自助・共助・公助」を掲げ、自助を優先したことにたいし、次のような批判がありました。その多くは、筆者が先に指摘した新自由主義的発想への批判と重なるものです。新自由主義的な発想は、競争を激化させ、格差社会を生みだす。負けた者たちにまで自助努力を求めるとは何事か、今こそ公助の時代ではないのかというわけです。

とりわけ二〇〇〇年代初頭の小泉純一郎内閣時代、総務大臣と副大臣を、竹中平蔵氏と菅氏が担っていたことは象徴的です。構造改革・郵政民営化・規制緩和こそ、今日の非正規雇用増大の元凶なのであって、日本共産党ばかりでなく、保守派を自認する知識人のなかにも、菅政権を批判する人がいます。

筆者もまた、こうした批判を共有しています。

しかし菅政権の自助という言葉には、さらに深い意味が隠されている。なぜなら先に見たように、現代社会は暴力が露出し、生の基本が問われる社会だからです。東日本大震災が典型的な例ですが、私たちは「まずはここ三日間を自らの力で生き抜かねばならない」状況を突きつけられている。経済だけでなく、災害や国際情勢全体で、非常時が常時になりつつある。

こうした社会状況は、私たちに発想の転換を促す。他者があたえてくれる秩序や、安定した社会構造を期待する時代が終わり、自らが公的秩序の作り手にならねばならない。受動的ではなく、主体的な行動を求められる時代になったのです。

ここでも一例を挙げれば、東日本大震災でボランティア活動をした際、ボランティアには徹底した自己責任が求められました。東京から支援に来た者は、自己申請すれば高速道路を無料にしてもらえました。しかしその情報は、小さな紙で掲示板に貼られているだけであり、自分で読んで、自分で申請書を書き、自分で申し込まねばならないものでした。こうした主体的な行動こそ、自助のもう一つの側面なのです。公助のためには自助が前提だということが分かるでしょう。

また自助をめぐる問題は、菅氏の特徴の三つ目、地方分権とふるさとの重視にもかかわります。私たちは「自助・共助・公助」の自助にばかり目を奪われ、政権批判をしますが、共助と公助についての定義を冷静に見ておかねばなりません。

共助でイメージされるのは、年金などの社会保障分野です。

今日私たちが当然のように考えている社会基盤、厚生年金や国民年金制度が整えられたのは、戦時中から戦後にかけての時期であり、最近のことに属します。それ以前の日本人は、定年退職後の生活はまさしく自己責任による資産運営にゆだねられていました。さらに戦前では、長子相続が主流だったので、長男が親の遺産を引き継ぐ代わりに、老後の面倒を見るケースが多かった。家の役割が社会のなかで大きな位置を占めており、世代間が助け合うかたちで生活保障が支えられていた。

いいかえれば、戦前は今日と比べ、圧倒的にふるさとに住みつづけたということです。少なくとも長男は生まれた場所に留まり、親の面倒を見つつ地域共同体の一役を担っていた。一方の戦後とは、ふるさとを捨てる歴史であり、地域共同性が急速に崩れたのが、私たちの時代です。

他者へ寄り添うための「自助」

菅氏自身も、こうしたふるさとを捨てた人のひとりです。

都会への若者の流出は家の維持を困難にしました。都会にできた家庭は、父母と子供二人が標準世帯と呼ばれるように、親子二代の関係しかありません。時間的な連続性をもたない家族形態では、家だけで安定した老後をつくることは難しくなった。またふるさとに住む親の面倒も見られなくなった。

こうして、家による保障から国民全体による社会保障へと変化が進み、共助が創られていった。今や国家予算の四割に迫る勢いの社会保障費は、戦後の核家族化、個人化によって生まれてきた制度だったのです。そして最後の公助とは、生活保護に代表される救済のことを意味することになります。

現在の共助と公助は、私たちに国家を想起させる。一方で企業は徹底的な営利追求の合理性の濁流に呑み込まれている。利潤追求をめざす企業と、公的保障を担う国家という役割分担、二項対立が生まれてしまっているのです。しかしこれも戦前日本を考えるだけで分かりますが、かつての企業では、渋沢栄一に典型的なように、営利追求と倫理的使命感はひとりの経営者の中で一致していた。現在であれば、国家にすべてお任せの公的場面への貢献を、積極的に経営方針にしていた時代があったのです。渋沢という一個人の自助は、つねに共助、公助を念頭に置いていた。

この傾向がますます失われている。企業は国境を軽々と越えて、効率性と合理的経営へと駆り立てられている。

だとすれば、税収増加が限界に達しているにもかかわらず、社会保障費が膨張を続ける現状にあって、自助が強調されるのは当然です。今後、共助だけでなく、公助にかかわる費用も国民一人ひとりの負担が増していくからです。私たちは菅政権が強調する自助のなかに、新自由主義がもたらす弊害だけでなく、他者へ寄り添う思いを読み取らねばならないのです。

でしょう。

「互助」という思想

かくして、個人の自由と民主主義を叫んでいるだけでは済まないことが改めて分かる

国際社会を見たばあい、恐らく戦後初めて、日本は自ら主体的に国際秩序の安定と再形成に取り組むことを求められている。二〇一六年に安倍政権下でだされた「自由で開かれたインド太平洋」戦略は、戦後はじめて、日本がアメリカを巻き込むかたちで、主体的に中国に対抗する国際秩序形成の役割を果たしたとして評価されています。これはまさしく自助の一つのかたちでしょう。

残念ながら、国際社会では、オークショットが友情を例に語ったような関係を期待はできません。変革と有用性が跋扈する冷徹な国家関係しかありえない。

しかし日本国内までそう考える必要はないでしょう。国内を見たばあい、徹底的な個人主義は限界をむかえている。これまでのように、日常生活を脅かす暴力や危機が少ない時代では、公的支援が上から降ってくるのが当然、という考えが主流を占めてきました。国家や公的秩序が自明視されているからこそ、「～からの自由」だけ主張していれ

ばよかったのです。竹内好の「権力vs.市民」という単純な図式によりかかりながら、不平と批判の言葉を紡いでいればよかった。

しかし今日、私たちは不平を鳴らしているだけでは済まない。逆に、自らが秩序形成者であること、多くの零れ落ちた者に手を差し伸べるために動く、個人主義を超えた存在であらねばならない。自助への決意には、個人主義よりも公的秩序を優先する思想が、秘められているのです。

二度の緊急事態宣言は、飲食店を中心に営業時間短縮の要請をしました。夜八時までの営業時間は、客足が遠のく原因になったことは間違いない。私たちは飲食店の危機に無頓着で、潰れたとしてもその跡地にほかの店ができればよいと思っている。

でもなじみの店が危機だと聞けば、違った感覚を抱くはずです。

ここでもう一度、オークショットの友情という人間関係と、戦前のふるさとにあった共同性が、しばしば「互助」と呼ばれていたことを思い出さねばならない。そこには、他店舗には代替不可能な独自の個性が、顧客との間にあったはずです。時間をかけたからこそ信頼できる人と人とのつながりがあったはずです。オークショットであれば、確実に友情と呼んだものを、私たち日本人は互助と呼んできたのです。

確かに令和の日本人は、かつての一九六〇年代に比べて圧倒的に豊かになっています。医療や公共インフラの充実はもちろん、ワンルームアパートの作り一つとっても、以前よりは恵まれた環境になった。にもかかわらず、所得があがらず貧困世帯が増えている。「貧しい」という実感をもつ者が増えている。

原因はいくつもあるでしょう。しかし一因として、私たちがあらゆる人間関係の間に、カネを介在させるようになったことは大きい。介護に典型的なように、家庭内の人間関係に基づいて行ってきた行為を、カネを媒介にして他者に委託するようになった。金銭ではカウントできない人間関係の厚みで維持されてきた社会を、すべてカネで置き換えてきたわけです。その結果、社会インフラは整い、住宅も整備された一方で、あらゆるサービスをカネで求めねばならなくなった。人と人とのふれあいを、カネで買うようになったのです。

わずか二、三〇〇円でできる朝食を、ファストフード店で食べるのと、家族や友人と食べるのでは味がちがう。おなじ卵焼きだったとしてもです。ここには、人間とは文化を食べる生き物だということ、栄養摂取という合理性以外の何かを味わっていることが象徴されている。他者との会話やぬくもり、プラスチック容器ではなく、茶わんで食べることは文化であり、「貧しい」という実感は、この文化喪失に一因があるのです。

今、日本人に求められているのは、文化による**互助の感覚を、たとえ人為的であれ、都会と地方の区別なく再生する**ことです。少なくとも精神の構えとして、不平不満と有用性に翻弄されることを防がねばならない。「令和日本のデザイン」のヒントは、ここに隠されているように思えます。

第六章　社会から正当な評価を受けたい

権力批判の耐用期限

本書で主張してきたことを、まとめておきましょう。

安倍政権の七年九カ月が貴重なのは、戦後の歴史、「平成後半から令和へ」の転換を俯瞰できる政権だからでした。岸信介であれば、安保改定闘争があり日米関係を問い直すことができた。また田中角栄であれば、列島改造論とともにオイルショックなど高度成長期が終わりを迎える日本を振り返ることができた。同様の意味で、安倍晋三を論じることは、時代を論じることを可能にするということです。

すなわち、文明論を可能にする政権だったということです。

政権最終盤で直面した新型コロナ禍は、自由と民主主義が直面する課題をあからさまにしました。社会のデジタル化の遅れや、緊急事態宣言発令にいたる混乱が意味したのは、政府機能がいかに脆弱であり、抑制的かつ限定的なものであるかということでした。しばしば安倍政権は、独裁的であり権力集中的であるといわれましたが、実態は大きく異なる。その事実を、モイセス・ナイム『権力の終焉』を参考に明らかにしました。

安倍首相辞任後の時点で、コロナ危機を総括した政治学者の竹中治堅氏は、一九九四年の政治制度改革や二〇〇一年の省庁再編をとおして、首相への権限集中が進んだ一方、新型コロナ対策では首相、内閣、厚生労働大臣らの権限がきわめて限定的なものにとどまり、都道府県知事と保健所設置市、特別区が独自の権限を行使した事実を指摘しています。[44] 行政府の長たる首相権限をどのようにけん制し、ブレーキをかけるか。これまでにも参議院の役割などが研究されてきましたが、地方自治体の長こそが大きな権限をもっていたことが明らかになったわけです。

実際の日本社会は、ナイムが理論的に述べたことを具体化したような政治状態、すなわち独裁的とは正反対であり、権力の分散化、多頭化が起こってしまっている。こうした時代状況において、従来通りの権力批判、権力vs.市民の対立構造をふりかざし、「〜からの自由」を叫ぶだけでは、時代を正確に理解できないと本書は主張してきました。

「令和日本のデザイン」へ

また国内だけでなく、アメリカにも目を向けてみると、事態は一層、悲惨さを増している。アメリカの自由と民主主義は、一九八〇年代にレーガン大統領が掲げた新自由主義と規制緩和、小さな政府による競争社会化を意味していて、自由こそが民主主義を保障するというリベラル＝デモクラシーが浸透していた。結果、ＧＡＦＡなどのＩＴ企業の躍進の陰で、アメリカは深刻な中間層の解体を経験します。製造業の転出と移民の流入は、白人中間層の仕事をうばい、国内は一体感を失って、バラバラに自己利益を叫ぶ混乱に陥ったのです。

自由と民主主義の国アメリカもまた、従来の価値観を叫んでいるだけでは、国内をまとめきれない事態に陥っている。

こうした状況をふまえたばあい、今から半世紀前、小説家の三島由紀夫が、日本人にとって天皇とは何かを問いただした先見性に気づきます。富の追求に明け暮れ、アイデンティティーを経済大国に求めた日本人を、三島は批判しました。いいかえれば、「戦後のアイデンティティー」である自由と民主主義、経済成長主義では、日本の自己同一性を確保できないと主張したのです。そして過激なまでの天皇論を展開した。

三島の天皇論の可能性と限界は、今は置いておきます。問題は、自由と民主主義は今や耐用年数を超えていて、従来とは異なる国家像が求められているということです。それを「自己同一性の危機」であり、「令和日本のデザイン」が求められていると筆者は主張してきたわけです。

地方創生とグローバル化

菅義偉政権は、個別具体的な改革案を掲げて、一つひとつこなしていく印象がありました。したがって、国家像という大きなイメージを描くことは苦手であるといわれていました。自民党総裁選の際に掲げた「デジタル庁」が、どこか残念な響きを感じさせるのも、生産性向上や効率性の追求はメッセージとして伝わってきても、時代観がないことに由来すると思われます。

しかし、前章で筆者は、菅総理の発言から三つの特徴――第一にデジタル庁と規制緩和、第二に自助・共助・公助、そして第三に地方分権とふるさとの重視――に注目し、国家像を探ろうとしてきました。

ここでは改めて、菅総理の第三の主張、ふるさとがもつ意味を探っていこうと思います。

昨年、自民党総裁選に立候補した際、菅官房長官（当時）は、『文藝春秋』に「我が政権構想」と題する記事を寄せました。その冒頭を読んだとき、筆者の眼に「出稼ぎのない世の中を作りたい」という言葉が飛び込んできました。この言葉は強烈な印象を、筆者に残しました。なぜなら東日本大震災を福島県、とりわけ「浜通り」と呼ばれる沿岸地域で経験した筆者は、その後、原発立地地域で聞き取り調査を重ねるごとに、出稼ぎのつらさについて、何度も聞かされていたからです。

雪深く、目立った漁港をもたない浜通りに原発は誘致されました。そこに雇用が生まれ、出稼ぎに行かずとも収入が得られるようになった。地域交流を目的とした電力会社の施設には、週末になると遊具を求めて家族連れが訪れます。すると、人の流れを求めてスーパーや居酒屋が現れる。街に中心部ができ、活気を感じるようになる——。

わが国の高度経済成長は、地方から首都圏に人材を送りだすことで成し遂げられました。地方から見れば、それは出稼ぎの時代にほかならず、田中角栄を持ちだすまでもなく、出稼ぎの解消こそ悲願でした。原発誘致もその流れで行われた国策であり、単なる反原発では済まされない複雑な事情が地方にはあった。

そして菅氏は、いわばソフト路線でおなじ課題に対処してきたといってよい。総務大臣時代の「ふるさと納税」は、角栄以来の国土改造と重工業化、原発立地推進時代とは異なるかたちでの、地方創生のモデルだったはずです。同時期、地方分権改革推進法の成立に奔走したのも菅氏ですし、第二次安倍政権時代の観光立国推進、インバウンド需要を地方に取り込む政策の先導役もまた、菅氏だったのです。ここに国際社会で戦える農業改革を加えることもできるでしょう。

問題は、昭和の地方振興対策と令和のそれが、異なる時代背景でなされていることです。

第三章で、筆者はＴＰＰを素材としながら保守主義者を二つのタイプに分けられると指摘しました。当初、参加する予定だったアメリカをめぐり、アメリカに日本市場を荒らされると考える保守派は、反米保守としてＴＰＰに反対した。彼らは農業や保険にまでアメリカ企業が進出し、日本らしさを奪われることを懸念する保守主義者です。

一方、親米保守にとって、ＴＰＰは中国の一帯一路に対抗するための戦略であり、ぜひともアメリカは参加すべき国だと主張しました。関税撤廃による高度の自由化こそ、日本の国益にかなうというわけです。

注目すべきは、両者はその対立にもかかわらず、ふるさとを愛し、日本を愛する点でおなじだということです。ＴＰＰと観光立国のためのインバウンドは、地方を海外に直接ひらくことを意味します。昭和と異なり、令和の地方創生は、グローバル化の荒波に、直接、日本人とふるさとを晒します。観光客の激増を見れば分かるように、地方にカネはダイレクトに降り注ぎ、効果は抜群でした。これを地方創生に資すると考えれば、菅政権を支持することになり、親米保守ということになるでしょう。

たいして、観光客を全国に呼び込むための規制緩和は、グローバル経済に地方を巻き込む新自由主義政策であり、もし**非常事態になれば地方は丸裸のまま、直接被害を受ける**。地方の小旅館でも、外国人向けであれば、収益は世界情勢に翻弄されてしまう。これを警戒すれば、反米保守であり愛郷心をもつ者ということになります。そして新型コロナ禍という非常事態が起き、外国人観光客ゼロに直面している現在、グローバル化批判の反米保守には、一定の説得力があるように見えてきます。

はたして、菅政権は地方に資する政権なのか。あるいは逆に、地方を疲弊へと導いてしまうのか。

山崎正和『柔らかい個人主義の誕生』

ここで筆者が参考にしたいのが、評論家の山崎正和が書いた古典的名著です。『柔らかい個人主義の誕生』の中で、山崎は、一九七〇年代をそれに先立つ六〇年代と比較したばあい、時代を追うごとに不透明感が増していったと指摘します。六〇年代は高度成長という明確な国家目標があり、国民は生活向上をめざして邁進していた。また政治的課題も明瞭で、個人が公的な事柄に興味関心をもつのは当然だったわけです。

三島由紀夫が、一九七〇年に自裁したのは象徴的だといわねばなりません。なぜなら、山崎が不透明な時代と呼んだ七〇年代に、三島は耐えられないと感じて命を絶ったからです。

実際、山崎は、「いま振返ってもっともわかりやすいのは、たぶん、国民の意識に落す国家のイメージの縮小、といふことであらう」と七〇年代を定義しました。[45] 三島が切望した国家と個人のつながりは溶解し、所属意識が薄れていった不透明な時代だったわけです。

では彼らはどこに所属したのか。

それが家庭であり職場でした。集団就職や大卒者が企業に就職し、定年退職までをおなじ会社で過ごす。家庭をもち夫婦と子供ふたりの標準家庭を築き、都市の団地に住むか、郊外のニュータウンに一戸建てを買う。山崎はこの時代は、日本人は国家以外に帰属場所をもち、その中にいる限り、人から一定の注目や気配りを受けることができた時代だといいます。いいかえると、所属集団の目的を忠実に追求している限り、個人は自分が誰であるかを問う必要はなく――つまり自己同一性は安定し――、他人から承認されていた。自分らしさは、会社名や出身大学によって説明でき、社会に位置づいていたということです。

この所属意識が、さらに七〇年代いっぱいをかけて解体していきます。山崎はある世論調査を引用しつつ、主婦が自由につかえる時間が六〇年代は一日平均三時間四五分だったのにたいし、八〇年代になると七時間二九分であるとし、主婦の家庭からの解放が進んだと指摘しました。企業での週休二日制の浸透もまたこの時期のことであり、男性もまた職場以外の時間を多く過ごすようになったのです。

自己決定は不安をともなう

こうして国家、職場、家庭への**所属意識の希薄化**が進んでいきました。とりわけ筆者が象徴的だと思うのは、フリーターの出現による所属の積極的放棄が起きたことでした。バブル経済を背景に、私たちは所属すること、それ自体を忌避する時代を迎えます。

前章でふれたように、今日では信じられないことですが、フリーターという言葉は、八〇年代当時、肯定的なイメージで使われていました。一生会社人間である父親世代を窮屈であると糾弾し、自己実現を優先する。カネはアルバイトで稼げるだけ稼いで、多くの時間を自己研鑽や趣味に充てる。現在とは異なり、容易に収入を得ることができ、また安定した職につく父親の支えもあって、フリーターは所属一切から自由であることを望んだわけです。

つまり消費社会全盛時代、所属を嫌った日本人は、徹底的に個人化していきました。自分とは何か、と問われれば、それは自分自身だと答えたわけです。山崎は、こうしたデュルケム流の個人主義を批判しつつ、次のようにいいます。「繁栄は社会を平等化すると同時に、人間が直接に属してゐる集団の枠組をとり払ふのであって、いはば個人を裸にして、ひとりひとりこの茫漠たる社会全体に直面させる」。その結果、「じっさい、現代ほど、人間がみづからの欲求について自由であるがゆゑに不安であり、その方向と限度の適切さに自信を失ってゐる時代はあるまい」。[46]

この山崎の指摘が、第五章で指摘した「〜からの自由」をめぐる議論であることに注意してください。自由と個人主義は精神の荒廃をもたらす、と山崎はいいます。そして無限の他者への嫉妬と羨望に駆り立てるというのです。

筆者なりに解釈すると、ここで山崎はオークショットとおなじ課題を、一九八〇年代の日本に見いだしている。本来、個人は何かの共同体に所属し、自らを位置づけることで、自己同一性を安定させている。自分とは何か、という問いにたいし答えをあたえている。ところがあらゆる所属から解放され、自由になると、個人は無数の他者と自分を比較し、自分自身で自分を位置づけねばならなくなる。

野球選手にも、大工にも、医者にも、八百屋にもなれるとは、選択する基準がしっかりしていなければ、絶えざる変化と混乱を招きます。何者になっても、他人の芝生が青く見えてしまう。**自己決定はつねに不安をともなうもの**であって、自由は裏を返せば不安や不満を感じつづけることでもあるのです。他者との比較に忙しく、つねに今の自分に不平不満をもつ。他の可能性もあったのではないかと悩み、混乱する。こうした精神構造こそ、オークショットが指摘した病、「自己同一性が解体」した状態だといえるでしょう。

山崎の戦後社会論は、都会に流入してきた人たちを描いたものです。

昭和の出稼ぎの時代に沿って、都会にでてきた人びとを、所属をキーワードに描いた作品だということができます。都会と地方を比較すれば、まだまだ地方は共同体意識が強く、ふるさとへの所属意識を強くもっていた時代です。

三〇年間変わらない「ふるさと創生」

しかしここで筆者が思い出したのは、八〇年代後半、ちょうど昭和から平成に代わる節目に登場した「ふるさと創生一億円事業」です。竹下登内閣のもと、バブル経済の恩恵を全国自治体にばらまき、地方が自らの手で地域づくりをすることをめざしました。人口三〇〇万人の横浜市も、人口わずか二〇〇人の東京都青ヶ島村にもおなじ一億円が交付されたのです。

使い道はさまざまで、福島県双葉郡葛尾《かつらお》村のように中学校にパソコンを導入する資金にあてた自治体もあれば、北海道伊達市は、道の駅に大理石製で自動演奏のピアノが鳴るトイレを設置しました。

大理石製のトイレがどうして北海道の地方創生とかかわるのか、筆者には理解できません。地方は急にカネをもらったとしても、その使い道が正直、分からなかったのでしょう。自らの住む地域が、どのような特色をもち、今後、どのような街づくりをすべきなのか。その地域に独自の顔、自己同一性の確認を怠り、思いつきの箱ものづくりで終わってしまったのです。

これは一億円の使い道だけではありませんでした。筆者に身近な例を挙げると、妹夫婦の住む埼玉県北部の私鉄駅前は、まさにバブル期のまま放置された風景、三〇年前にタイムスリップしたような街並みのままです。

駅の改札を出る。すると昭和の香りのする不動産業者のビルがあり、好景気時代に買った外車が置物のように止まっている。私営の自転車置き場が再開発を拒んで点在し、バブル期にはじめたらしい洋服屋や眼鏡屋は軒並み、シャッター街になっている。こんな小さな街にどうしてと思うほど、証券会社と銀行がいくつもあるのは、土地ころがしのカネ目当てに昭和の終わりに開業したからです。

そして九〇年代にはいりバブルがはじけ、寂れたまま現在まで街の顔をつくっている。この三〇年、新しくできたのはコンビニとチェーン店の居酒屋だけでした。地方の独自性を一億円で創ろうとした時代は、結果的にふるさとの個性を奪っていったのです。山崎が描いた光景が、都会から濁流のようにあふれだし、地方を洗い、国土の隅々にまでカネが還流した。波が引いたあとの光景を、今、私たちは見ているのです。

そして驚くべきことに、令和二年の三度にわたる補正予算で、「新型コロナウイルス感染症対応地方創生臨時交付金」が計上されました。基本はふるさと創生事業とまったく変わりません。結果、市内の公園の看板を一新し、三密回避を書くのだと強弁する自治体もでてくれば、減便のつづく空港への集客を目的に宇宙をテーマにした多目的スペースをつくる佐賀県の例もあります。ここまでくれば、もう言葉もでてきません。この三〇年間で、政治の発想は何一つ変わっていないのではないか。

そして、ふるさと創生事業推進の立役者こそ、当時、自治大臣の地位にあった梶山静六であり、菅首相が生涯の師と仰ぐ人物だったのです。

閉塞感と「中抜き」の思想

バブル経済の八〇年代は、アメリカのレーガノミックス全盛時代と重なっていました。バブル崩壊後、九〇年代の日本は、そのアメリカ型保守主義を導入し、グローバル化と市場競争を追求していきます。それは所属を嫌いつづけた前時代を、さらに加速度的に進めることであり、徹底した個人主義化でした。

個人主義に注目したばあい、令和の出稼ぎ対策だけでなく、菅政権のふるさと対策の特徴は次のようになります。

例えば與那覇潤氏は、「中抜きの宰相？――政治家・菅義偉考」で、菅氏の地方政策の特徴をまとめています。[47]

秋田の片田舎から上京し、横浜市議会議員から衆議院議員になった菅氏が担いできた政治家は、一貫して「しがらみの打破」を掲げてきた政治家たちだった。梶山静六は、従来の日本型資本主義の限界を指摘したし、加藤紘一は、新自由主義的な小さな政府を掲げ、旧田中派の覇権に挑んだ挑戦者だったからです。

つまり政治家・菅義偉とは、つねに業界団体や地方政界などの「中間集団」を不透明だと批判し、打破することを目指してきた政治家でした。

そう考えてみると、「ふるさと納税」や「Ｇｏ Ｔｏ キャンペーン」も国民に直接、税金や補助金の送付先を選択させることで「中抜き」し、政府と国民を直結させていることが分かる。ここでもまた、中間集団を迂回する政策がとられている。竹中平蔵氏やデービッド・アトキンソン氏などを登用し、地方銀行や中小企業の再編と統合を主張するとき、その背景にあるのは、戦後日本の一貫した個人主義化の徹底、中間集団などへの所属の解体を意味しているのです。

個人主義化の道を突き進んできた流れの中に、菅政権の地方創生政策もある。それは出稼ぎの回避をめざすうちに、都会に比べて相対的に所属意識が強かった地方在住者から、**中間集団を奪い、個人主義化をうながし、政府や海外市場と直接むすびつきあうことを、徹底化するもの**である——このようにまとめることができるでしょう。

実際、ふるさと納税ひとつとっても、返礼品に地域の個性をまったく感じられない家電製品や家具などが出品されていることを、私たちは知っています。なぜこうした事態が生じるのかといえば、都会に住んでいる私たちが、ふるさとが本来もつべき個性になど何の関心も抱いていないからです。かつまた、地方自治体の方も、競争原理に呑み込まれ、都会の人たちが好むような商品を差しだしているからです。

つまりふるさとの側も、かつてのピアノ付きの大理石トイレ同様、独自の地域性などどうでもよくなっている。都会と地方をカネが飛び交《か》っているだけ、というのが実情なのです。これではやはり、かつての「ふるさと創生一億円事業」とおなじ結果になるのではないでしょうか。

もちろん、カネがなければふるさととの活性化事業ひとつできないことは、十分に理解できるところです。ただそうだとしても、地方が、ふるさと納税では他自治体との、インバウンドでは海外市場との、競争原理に巻き込まれていること自体、やはり問題なのではないか。競争に勝つために、これまで中間集団で培われてきた人間関係――オークショットのいう友情――を放棄することは、正しいと断言できるのでしょうか。

中間集団が積みあげてきた人間関係、つまり時間の「遅さ」は、改革を合理的に進めていく際の邪魔者であり、障害物なのでしょうか。

それとも、かけがえのない地域の人と人とのつながりを保つ、緩衝材のようなものなのでしょうか。

中間集団という蓄積を維持すべきか、解体すべきか。

少なくとも、ふるさとをめぐり、こうした対立軸があることは、認識しておくべきだと思うのです。

効率性は社会の目標か

こうして、菅義偉という政治家が抱く国家像を明らかにすることができます。菅政権を個別案件だけに固執し、国家像なき内閣だという指摘がしばしばありますが、筆者はそうは思いません。むしろ個別案件に固執すること自体に、菅政権の国家像が如実にあらわれている。

それは「効率性と個人主義を徹底化した国家をめざす」というものです。

先に筆者は、菅政権の特徴を三点に分け、第一に、それはデジタル庁と規制緩和であり、第二に、自助・共助・公助であり、第三に、地方分権とふるさとの重視だといいました。九〇年代以降の日本がグローバル化を率先して進め、規制緩和による自由で斬新な発想の登場をうながし、新しいマーケットを創出しようとしたのは、経済成長を復活させるためでした。それは裏からいえば、この間、日本は低成長と不況にあえぎ、余裕を失い、閉塞していたということです。

そして閉塞感は、人に、「何か成長を阻む障害がある」という意識を生みだします。その障害は社会のいたるところに散在している。障害を取り除きたいという衝動が、私たちを合理性と効率性へと誘惑していくことになる。効率的な社会をつくるには、風通しをよくする構造改革が必要だということになります。

都会から地方へ、政府から民間へ、上から下へ、いずれも立て板に水を流すように、見通しのよい社会構造を目指すことになる。第一のデジタル庁の創設と、第三のふるさと納税や観光産業の国際化は、いずれも見通しをよくするため、合理性を追求する中からでてきた政策だった。

社会をますます合理化するために、所属や中間集団を解体する——菅政権のふるさと納税やインバウンド政策は、こうした時代状況に深くかかわっている。地方自治体ごとに異なる住民把握システムを使っていて情報の相互交換ができにくい構造を改革する。これは確かに必要なことでしょう。しかしこうした効率性は、あくまでも政策推進のための**手段**に過ぎません。にもかかわらず、生き方の構え、社会の**目標**にしてしまうと、私たちの生き方は逆にきわめて窮屈なものとなります。

余裕、無駄を徹底的に排することは、例えばコロナ禍下での緊急事態宣言で、夜八時以降に飲み会ができなくなったこと一つからも分かるはずです。一見して無駄のようにみえる飲食によって、他人との交流を深めることができ、人生を豊かにすることができていた。翻って私たちの時代は、どんどんこうした余剰をカットすることへと突き進んでしまっている。

効率性を生き方の第一目標の位置に祭りあげている。

つまり、令和の国家像にしてしまっている。

孤絶した大衆、全体主義の誕生

山崎正和が『柔らかい個人主義の誕生』で注目したのは、リースマン『淋しい群衆』などの大衆社会分析であり、処方箋としてデュルケムが職業別の同業組合に注目し、人びとの所属意識の再生を主張したことでした。

しかしリースマンやデュルケムの代わりに、筆者が注目したいのは、『全体主義の起原』という著作で有名なユダヤ人哲学者ハンナ・アーレントです。イギリスなど諸外国に比べ、階級社会化されていない日本で、代わりに所属先として機能していた中間集団が解体されるとどうなるのか。今から一〇〇年前の社会を描いたアーレントの議論が、今でも通用すると思うからです。

彼女は同著作の中で、次のように大衆社会を描いています。

第一次大戦は世界の風景を一変させるものであった。階級社会の崩壊が、共通の利害によって結ばれていた人びとを、バラバラにしたからである。たとえば政党、利益団体、地域の自治組織、職業団体などに所属しない個人が、団子状に集団化した状態のことを

「大衆」と呼ぶ。

問題は、彼ら大衆が民主主義に決定的な終わりを告げる存在だった点にある。

アーレントによれば、民主主義のもとでは、一国の住民は公的な問題に積極的な関心をもち、何らかの政党や団体に所属する存在でした。だが大衆は、こうした公的問題への関心をまったく抱かない点に特徴がある。

また、大衆は、政治に無関心であるのだから、政治的な重要性をもたない存在であり、中立的な存在にすぎないと、民主主義者は評価してきた。だが実際には、後にヒトラーやスターリンを生みだすような巨大な政治的な力をもっていたのである。つまり政治的関心をもたないにもかかわらず、政治を動かすファクターとして浮上してきたのが大衆なのである。彼らは民主主義の解体とともに、全体主義を生みだしていくことになるだろう――。

大衆の三類型

本来、人はどこかに所属している限り、孤独感を抱えても、競争で失敗したとしても、最低限の安定を感じることができていた。しかし「大衆社会の中の個人の主たる特徴は残酷さでも愚かさでも無教養でもなく、他人との繋がりの喪失と根無し草的性格である」。[48]

大都市に住んでいて、すぐ傍らには無数の他人がいる。しかし他人との感情的交流をまったく感じない。しかも定まった職業集団への所属も奪われ、故郷も失った彼らは、根無し草同様に、精神的にも、また実際の雇用形態ひとつとっても、浮遊し、流離《さすら》う存在です。一人ひとりは孤立しているのに、量としては無数の人間が集まって塊になっているのです。

興味深いのは、アーレントが大衆の人間類型を三つに分類し、説明していることにあります。

彼女によれば、人間は一人でいる際、「孤独」と「孤立」、そして「ロンリネス(loneliness)」という三つの状態に分けられるという。

第一の孤独とは、たとえば漫画家や芸術家の生活、哲学者の思索などをさしています。彼らの創作活動は、基本的に自分自身との対話だから、自問自答や自分では確信がもてず悩むなどの孤独になりがちである。でもアーレントは、他人からの評価や友情によって、彼らの孤独は癒され、アイデンティティーを確立できると考えています。

ところが、第二の孤立は孤独よりも深刻であり、**ロンリネスはその最終形態**です。他人からの承認を一切得ることができず、余計者扱いされた者を、アーレントは孤立と呼びます。だが孤立はまだよい方で、それは専制政治下の精神状態だったからである。彼らは専制的独裁体制の下で、徹底的無力感に打ちのめされながらも、自分の内面の領域、私生活の自由はもつことができていた。それが最終的に、私生活までも破壊され、一切のきずなを断たれた状態のことを、アーレントはロンリネスと名づけました。そしてテロルや全体主義国家が生まれるのは、こうした荒廃した精神状態の大衆が動員されるからだと分析したのです。

つまりアーレントは、私たちは大衆社会を生きていて、「余計者ということは、全然この世界に属していない」という感情を抱えているというのです。そして本来の人間のあるべき姿について、次のように指摘します。「コモン・センス」以降の一文に、特に注目しながら読んでみてください。

私が他の人々と接触しているということに、つまり、他のすべての感覚《センス》を規制し統制しているわれわれの共通感覚（common sense・常識）に依存している。そしてこのコモン・センスなしには、私たちの一人々々は、それ自体としては当てにできぬ不確実なものである自分自身の感覚的知覚の特異性のなかにとじこめられてしまうだろう。[49]

コモン・センスとは共通感覚とも常識とも訳される言葉です。多数の人間がヨシとする価値観に支えられていない個人は、自分の中に閉じ込められてしまうとアーレントはいっています。私たちはふつう、自己判断、個人主義こそ自由で解放されていると思うわけですが、アーレントの主張は逆なのです。

自己判断とは明確な価値基準がなく、他人の芝生が青く見え、他者に翻弄される状態であり、自己の中に閉じ込められてしまう。それよりも、社会に共有されている価値観を、自分が物事を判断する際の支え、視座にすることで、私たちは安心して判断をくだすことができる。他者からの承認で、満足が得られるわけです。

何より、コモン・センスには時間の蓄積と実績がたっぷりと含まれています。幾多の試練と検証を経たうえで形作られてきたのが、常識なのです。

社会からの正当な評価

そしてアーレントが導きだした処方箋の一つが国民国家でした。実際、アーレントは次のように述べています。「民族が自分自身を、彼らのものと定められた特定の定住地域に根を下ろした歴史的・文化的統一体として自覚し始めたところではどこでも、国民と国民解放運動が登場する。なぜなら彼らの住む所には歴史が誰の目にも明らかな足跡を残しており、従って大地自体がそれを耕作し田園につくり変えてきた祖先の共同の労働を示すと同時に、この土地に結びつけられた子孫の運命をも指示しているからである」。

いうまでもなく、ここに描かれている祖先と子孫へのまなざしは、時間の積み重ねがなければつくることができません。そして祖先からの責任を背負い、子孫の将来を思うことで「私」が存在し、生きる意味をあたえられている点で、個人は共同性に支えられている。人間の尊厳とは、「私」を尊重せよ！　といった個人主義的なものではない。他者から役割をあたえられることを指しているのです。

アーレントの議論から、現代社会にたいして、二つの重要な論点を導きだすことができます。

第一に、私たちはしばしば、非正規雇用の問題点を指摘します。その際、格差がひろがり、収入が不安定であることに注目する。筆者はすでに非正規雇用の特徴を野球選手と比較しつつ、毎年仕事場所の移動を余儀なくされ、自分自身以外、頼れるものがない不安を指摘しておきました。

アーレントをふまえれば、そこにもう一つの特徴を付け加えることができるでしょう。

非正規雇用が何よりつらいのは、彼らが「社会から正当な評価を受けられない」からなのです。他人から必要とされず、全然この社会に属している感覚をもつことができない。アーレントがいうコモン・センスとは、社会で自分はおおよそこのような地位にいて、存在を承認されているという感覚です。常識の範囲内に収まってアイデンティティーを承認されているということです。

人間がもつべき最低限のプライド、生きている意味は、実は自分ひとりでは決定できないのであって、他人との間の関係や役割で決まるものです。

非正規雇用がしばしば「雇い止め」に象徴されるのも、このためです。雇用調整の部品のように扱われ、使い捨てにされる。怪我や病気をすれば捨てられ、他人に代替されてしまう。流れ作業で手を怪我すれば、他の人を雇いその手を使うだけです。私の手の個性はまったく顧みられることはありません。いったい、自分とは何者なのか。部品とおなじで取り換え可能なら、生きている意味や価値はあるのだろうか――私たちはこうした社会を生きているのではないでしょうか。

つまり個性とは、功利性や合理性からは得られない。かけがえのない存在、代替不可能な存在、人間の尊厳への切実な希求が、今、必要なのです。

コモン・センスとは

そして第二に、新型コロナ禍は、人間関係のありように決定的な変化をあたえるものでした。在宅ワークからロックダウンにいたるまで、私たちはこれ以上ないくらいに、他者との具体的な、生き生きとした接触の機会を喪失しています。

他人は確かに、ロンドンにもパリにも、東京にもいるでしょう。しかし、眼に見えない感染症は、他人がウイルス保持者かもしれないという疑心暗鬼に陥れ、他者への不信感を抱かせます。また出社しないことで、精神と身体の双方において、私たちは孤立し、根無し草同様の存在になってしまっているのです。

筆者は本書の冒頭を、コロナ禍にあえぐ日本の情景描写からはじめました。日本では奇妙な感動の醸成が行われていて、医療関係者は英雄に祭りあげられ、ブルーインパルスが東京上空を飛び交い、激励する様子に触れました。また多くのタレントが、坂本九の「上を向いて歩こう」を歌い団結していること、それを見たアナウンサーが涙しているともいいました。

こうした、一見情緒的とも思える気分に私たちが浸された背景には、根無し草、自分自身のロンリネスへの不安があるはずです。社会に一定のメッセージを発信し、自らがその構成員の一翼を担っている感触、「世界に素手で触れている」感覚が欲しかったにちがいありません。

こうした長い射程で見たばあい、菅政権が掲げる令和の国家像、すなわち効率性と個人主義を徹底化した国家像は、決して正しいとは思えません。

確かに、デジタル部門等における効率化は行う必要がある。しかしなんのためにと聞かれたならば、それは政策推進のためとか、情報化社会に適応するためとかではない。日本人の人間関係を、より豊潤なものにするためだと答えるべきでしょう。

コモン・センスは、ときに、カネでは買えない分厚い信頼関係よって成り立つものでもあります。親米であれ反米であれ、新自由主義やグローバル経済に賛成であれ反対であれ、また菅政権の是非をおしゃべりするのはよいですが、私たちはその際、つねにアーレントの分析する大衆社会像を念頭に置くべきなのです。

終　章　国家の尊厳

令和日本のデザイン

日本は、今、どこに向かっているのでしょうか。

わが国は、今後、どこへ向かえばよいのでしょうか。

ここまでの議論を復習しつつ、令和の国家像を示しましょう。

あらかじめ結論をいいます。令和の日本は、**「尊厳とコモン・センス」をキーワードにした国づくりを目指すべきだ**というのが、筆者の意見です。

前章の終わりの部分で、アーレントを用いて分かったことは、社会からの承認がもつ重要性です。非正規雇用も、コロナ禍による在宅ワークの増加が問題なのも、他者との交流が希薄化したことに原因があります。緊急事態宣言がでる。夜八時までの時短営業で、経済が停滞する。解雇を余儀なくされる。その結果、自殺者が激増したのは「食っていけない」と同時に、「社会から必要とされなくなった」ことが、大きな精神的負担を強いているからだと思うのです。

解雇され、都庁前の広場で食料をもらうことは、おそらく相当なプライドとの葛藤をもたらします。逆にそこで、温かい言葉をかけてもらえば、自分ももう少し生きてみようと思うはずです。給料が激減し、住宅ローンを支払えず引っ越すことは、精神的な自己肯定感をたたきつぶすことでしょう。自分の積みあげてきたものが瓦解してしまうからです。

野球選手の例を、ここで思い出してください。特殊な才能があれば、チームを転々とすることは新しい人との出会い、人脈の広がりを意味するでしょう。誰からも歓迎され、不特定多数の視線という社会的承認も得ることができる。

しかし大多数の人にとって、職を転々とすることは、社会に自分が位置づいていない不安を意味するのではないですか。固定した職場をもたず転々とすることは、安定した人間関係を築けないということです。つねに古参の人間の顔色をうかがい、萎縮していなければならない。

またコロナ禍で死に直面したばあい、親族は防護服や高性能マスク、ゴーグル、手袋などの着用を求められ、部屋の小窓越しに面会を許されるのみだという。ウイルスの付着を警戒して、スマートフォンの撮影さえ禁じられてしまう。もちろん人工呼吸器を装着した患者に、声をかけることもままなりません。手を握り、看取ることすらできない。亡骸《なきがら》にすら対面できず、専用の袋に包まれ火葬されるのです。きちんとしたお別れもできない。

こうした現実が、いいようのない抵抗感をあたえるのは、なぜか。

私たちが何よりも、「尊厳」をもった生き物だからなのです。

私たちは、それぞれの社会がつくりあげてきた儀礼によって、死者を送りだしたいし、生と死のリズムを刻みたい。また人並みに社会的な地位について、他者からの承認を受けて、生きたいのではないか。

「尊厳」なき時代

第六章で参照した山崎正和によれば、所属先が安定した社会では、次のような他人からの視線を期待できるという。すなわち「従来の家庭や企業内集団の場合、ひとはそれに一元的に帰属することができ、しかもそのなかにゐるかぎり、他人の気配りを受けることをほぼ自動的に期待することができた」。50

さらに山崎は、六〇年代と比べ八〇年代の主婦が自由につかえる時間が二倍ほど増え、家庭から女性が解放された事実も指摘していました。

生産年齢人口が減少していること、男性の収入が伸び悩んでいることなどから、現在、経済成長の起爆剤として、女性の社会進出がしきりにいわれています。それ自体、男女の雇用機会均等として歓迎すべき事象でしょう。しかしともすれば、女性の社会活躍が強調されがちなこの現象は、逆からみれば、家庭が空洞化していくことを意味していま す。

したがって、同時に大事なのは、「男性よ、家庭へ戻れ」ということではないですか。男性と女性が家庭と企業双方から、応分の気配りを受けられることが重要なのであり、社会進出が家庭を崩壊させては意味がありません。家庭であれ企業であれ、それぞれの共同生活で自分が必要とされている実感、これが生活のリズムであり「尊厳」をあたえてくれるでしょう。

ここで「コモン・センス」の重要性がでてきます。コモン・センスとは、共通感覚・常識とも訳されますが、これをオークショットならば、伝統や自己同一性と呼ぶでしょう。私たちには、地域やその国の歴史を湛えた生活スタイル、死者の葬送の仕方があり、日常生活のリズムとなっています。大事なのは、コモン・センスには時間の響きが感じられることであり、さまざまな試練を乗り越えた経験、祖先の叡智を血肉としたリズムがふくまれていることなのです。

筆者は本書でくり返し、自由と民主主義の限界を指摘してきました。それは自由と民主主義が、今日、その負の部分を露わにしてきたからです。

それは日本だけに限った話ではありません。第二章の宇野常寛氏が明らかにしたのは、私たちが社会を変える主人公でありたい、というアメリカ人の切実な叫びでした。宇野氏が「世界に素手で触れている」という言葉で指摘したのは、ＩＴ関連企業で成功を収めた人たちは、ネット環境をつうじて自分が世界を動かしている実感があるということでした。国境を軽々と越えることで、自分の役割を実感できている「Anywhere」な人たちのことです。

一方で、地元で生活する圧倒的多数のアメリカ人は、「Somewhere」な人たちであり、彼らにとって世界に素手で触れている実感は、国内における民主主義的な行動、具体的にはトランプ大統領を熱狂的に支持することでした。熱狂的であるのには理由があって、彼らは日々の生活で虐げられている感覚があり、世界に素手で触れられていないからです。だからこそ、急進的に感触を求めてしまう。他人とつながりたいと焦るのです。

トランプと彼の支持者の特徴は、攻撃性と「遅さ」への嫌悪です。

不法入国のメキシコ人であれ北朝鮮の核開発であれ、悪の対象をはっきりと示し、それを叩く。従わない閣僚は即座に解任することで、自らの意志を支持者に訴える。熱狂した人びとは、トランプ支持というワンイシューによって過剰に、しかも刹那的に集団と化し、最終的には議事堂に乱入するまでになった。

これもまた、一つの自己承認のあり方でしょう。自由と民主主義はポピュリズムに堕した、と彼らを批判するのはある意味、容易《たやす》いことです。しかしトランプ支持者にとって、攻撃性も「遅さ」への嫌悪も、「社会から正当な評価が受けられない」という実感を伴った叫びなのです。

反原発デモという「行動」

こう考えた際、日本で思い出されるのは、一〇年近く前に国会前を取り囲んだ反原発デモのことです。社会学者の小熊英二氏は、『社会を変えるには』という著作において、社会変革のビジョンを提示しようとしました。その主張は、本書の問題関心である、国家の尊厳にかかわるものでもあります。

小熊氏によれば、「社会を変える」とは、その人の所属によって大きく変わるとされています。議会で多数派を取ることが社会変革だと考える人もいれば、日経平均株価や会社の業績をあげることが、社会に影響をあたえていると考える人もいる。その意味で、現代日本社会は、所属ごとに変革目標がバラバラになっている。世界に素手で触れている感覚が各々異なるともいえるでしょう。

しかし、分裂した意識をまとめあげる問題意識がある。それが「自分はないがしろにされている」という感覚だと小熊氏はいいます。正社員や公務員、生活保護受給者などが批判されるのは、彼らが社会の枠組みに入っていて守られているのにたいし、そこから漏れてしまう人たちの不公平感によって、心がかき乱されるからです。昨今、よく聞くようになった「格差社会」という概念も、単純に収入や財産の差ではなく、「自分はないがしろにされている」という感覚からでてくるものだというのです。[51]

この議論が、まさしく筆者が主張する「尊厳」をテーマにしていることは間違いないでしょう。非正規雇用やコロナ解雇が現実のものとなっている今、疎外感が人びとの心を覆っていると思われるからです。

　では二〇一二年当時、小熊氏が具体的に「自分はないがしろにされている」という感覚でまとめあげようとする集団、社会構造を変えるための「われわれ」を組織するテーマは何か。

　それが反原発デモだというのです。

　いつの時代であれ、人間は不安や不満を抱えているものだと小熊氏はいいます。問題は、その怒りが漠然として、明確な形をとっていないことにある。だとすれば、「これが問題だ！」と明確に分かりやすいテーマ、敵が見えてくれば、社会を変えるために行動を起こそうとするのではないか。人びとは団結し、集団を組み、立ちあがるのではないか。高揚した気分に彩られた、次の文章を見てください。

　もやもやと感じていた見えないものが見えるようになったとき、人間は感動＝行動(moved) します。「民意」がこの世に現れてきた瞬間、自分の悩みに答えが見えてきた瞬間、生き方を変える具体的方法をつかんだ瞬間、人は「まつりごと」の領域に入りこみ、感動＝行動します。それはすべての政治、経済、芸術、学問などの原点です。[52]

第四章で、三島由紀夫をスタロバンスキー『透明と障害』を用いて分析したことを思い出してください。『金閣寺』に描かれていたのは、純粋かつ絶対的な美は認識にすぎず、行動こそ必要だという主張でした。その後、三島は戦前の二・二六事件を題材に、テロルへの憧れを口にします。「文化概念としての天皇」のもとにテロルを敢行し、財閥などの不純物を取り除く暴力こそ、三島が理想とする行動だったのです。本物の美的世界が、政治で現出するからです。しかし橋川文三は、三島を政治音痴だといいました。政治と美は別物である、政治イコール芸術にはならないと指摘したわけです。

「行動」は個人で行うべきもの

それをふまえれば、ここでの政治活動論もまた、あまりに美的な社会改革論であることが分かります。筆者とおなじく、日本人の「尊厳」に関心をもちながらも、小熊氏が放棄しているのは代替不可能性、つまりその人個人が尊重されることへの関心です。小熊氏の感動=行動では、個人が「民意」という得体のしれない力に先導されながら、デモ集団に解消されてしまう。一時的な情熱に駆られ、熱狂の渦に自分を溶解させてしまううのではないでしょうか。敵が可視化されたと叫び、徒党を組んで活動するからです。

実際、アーレントは『全体主義の起原』の中で、大衆社会とエリートの関係に注目し、人間が集団化することを警戒しています。知識人や芸術家たちは、第一次大戦以前の社会を、旧《ふる》い価値観が支配する窮屈な世界だと考えており、大戦はこれらを破壊するという意味で肯定していたのでした。

束縛感からの解放を求めたエリートは、結果的に、一切の伝統的価値や従来の規範や尺度に冷笑を浴びせかけました。そして**ラディカルであることそれ自体を賛美した**のです。まさに感動＝行動することそれ自体を、根無し草の大衆を先導しつつエリートは肯定したのです。[53]

だからこそアーレントは、一時的で情緒的な破壊願望に代わるコモン・センスの重要性を説いたのでした。個人が集団を組織し、人間関係をつくるばあい、時間の厚みをもった安定した共通感覚・常識が重要だということです。

私という存在は、何か特別な特異点ではなく、祖先からの責任を背負い、子孫の将来を思うことで生きる時間の流れの一部にすぎない。「尊厳」とは、この私を尊重せよ！といった個人主義的なものではない。他者から役割をあたえられること、それを果たすことで得られる満たされた心の状態を指しているのです。

個人を集団に溶解するのではない。逆なのです。しっかりとした伝統を足場にしてこそ、個人は自立する。公的な問題に取り組む精神の構えができるのです。

したがって、東日本大震災直後の二〇一二年に提案された国家改造のデザイン、デモの強調は、令和の日本には当てはまらないと思います。

では改めて、「尊厳とコモン・センス」をキーワードに、令和の日本は、どのような社会像を描くことができるのか。二点に分けて提言してみましょう。

国を閉じるという精神の構え

第一に、日本は、**正しい意味で国を閉じるべき**です。

これはあくまでも精神の構えにほかなりません。政治であれ経済であれ、現実は否応なく私たちをグローバル化の渦に巻き込んでいます。大事なのは、それを無条件の前提とみなし、棹《さお》さすような態度はあり得ないということです。

また日本人の内向き体質に迎合し、鎖国時代に戻れといっているのでもありません。

そうではなく、暴力化する国際社会で主要プレーヤーが多頭化する時代に、日本は「自己同一性」をしっかりともち、自らの生活リズムを崩さないという意味です。

新型コロナ禍以降、しばしば聞かれる経済安全保障やデカップリングという言葉は、グローバル市場、とりわけ中国一辺倒だった経済依存を反省し、多国間に貿易相手を変更していくことを意味します。

予兆はすでに二〇一〇年にありました。九月七日、尖閣諸島沖で操業していた中国漁船にたいし、海上保安庁の巡視船が退去命令をだしたところ、漁船が体当たりするという事件が起こります。漁船の船長は公務執行妨害の疑いで逮捕されたわけですが、これに中国政府が激しく反発し、対抗措置をとった。

それがレアアースの対日輸出制限というものでした。レアアースは自動車や液晶パネルの製造に必要不可欠な材料であり、圧倒的に中国依存の状態だった。

つまり通常兵器でもなんでもない素材をめぐって、相手国をけん制し、戦闘状態になりうるということです。この時点で、経済活動が一国の安全保障にかかわることを強く認識しておくべきでした。企業の私的活動が、国家の存立なくしては成り立たないという事実に気づくべきだったのです。

新型コロナ禍で、経済安全保障の象徴となったのは、マスクでありワクチンでした。

日本は大国でありながら、マスクひとつ自給できないではないか。中国からマスクの輸入が途絶え、国民の安心安全は危機に陥っていると批判されたわけです。さらに中国やインドは、途上国へのワクチン外交によって、自国の影響力の拡大に努めている。

しかし大事なのは、マスクの輸入先を変更することではありません。

経済合理性と営利第一主義を第一の価値とみなし、日本人の「生き方」の中心軸に据えてきたことが問題なのです。グローバル市場一辺倒であるかぎり、国境を越えること、世界中を移動、還流することが正しいということになるでしょう。移動がもたらす負の側面は、「〜からの自由」を論じた箇所で指摘したとおりです。国内の非正規雇用者もまた、日々移動しつつ仕事場を転々としていました。

移動を肯定する価値観に基づけば、インバウンド目当ての観光産業はさらに促進すべきだし、農業は世界で戦える品目にシフトしていく必要があるでしょう。デジタル庁が業務の徹底的な効率化をめざし、地方の中小企業は整理統合すべしというのも、基本はおなじ考え方です。とにかく障壁、障害物を除去し、スムーズな経済の血液循環を目指しているからです。

国境などの障壁を乗り越えて、直接海外と取引することが第一の戦略、生き方の基本原則になってしまう。

日本社会の脆弱性

でも、この価値観に待ったをかけたのが、新型コロナ禍ではないですか。

菅政権を論じた第六章で、海外からの観光客に依存し、また輸出用農産物に過度に依存することへの警戒を述べました。海外と国内の風通しがよいということは、一旦、危機が起きれば、直接国内が打撃を受けるということです。日本社会の脆弱性が増してしまう。国際秩序が安定すれば外貨を獲得できる反面、感染症や戦争で混乱が生じれば、地方の隅々にまで不景気と雇用喪失が、しかも一気に襲いかかる。

また別の角度からいえば、個人主義化が進むということです。以前よりも個人が直接、海外情勢に裸のまま放りだされるイメージです。中間集団を障害物であると見なし除去した結果、アトム化した個人が、コロナ禍でバラバラなまま経済的危機に陥った。

ここでもまた問題は文明論にあります。現代では、バラバラの個人は、みずからの危機を、国家に直接どうにかしてもらおうと考えてしまう。コロナ禍以降、周囲は安倍・菅政権批判の大合唱です。でも少し冷静になれば分かるように、ご近所や地域共同体が生き生きとしていれば、醬油の貸し借りから防災にいたるまで、まずは互いに支え合おうとするでしょう。

むろんご近所の助け合いでは、根本的な解決はできないし、国家のように無利子・無担保の金銭貸借も無理でしょう。しかし餓死しない、自殺しないといった最後のインフラ、生の最低ラインの維持機能としては、見過ごせない役割を果たすと考えます。

国家が苦手とする、こうした細部にかかわる、しなやかな関係構築こそ中間集団の役割ではないか。

ここでも一例をあげるならば、筆者の妹夫婦は埼玉県北部で二〇〇年近く続く酒の問屋を経営しており、地域と深いつながりをもっている。地元でガソリンスタンドを経営している古くからの友人がいる。郊外に量販店ができると、酒もガソリンも灯油も、安価な量販店に客を奪われ風前の灯のようになっていた。でも友人同士なので、互いに多少高くても、酒やガソリンを買うことにしていた。

そこに二〇一一年三月一一日、東日本大震災が襲ってきた。危機的な状況の中で、量販店のガソリンは瞬《また》く間になくなりました。なぜなら経済合理性と効率性を重視していた量販店は、倉庫に在庫を抱えないことで、安価を実現していたからです。一方、在庫を備蓄して細々と経営していた地元のスタンドには、震災直後にもガソリンはあった。そこで妹夫婦は優先的にガソリンを購入することができたのです。

その時のことでした。長蛇の列をつくっていた人たちが集団となって詰め寄り、罵声が飛びました。なぜ、そいつに優先してガソリンを売るのだ、不公平だというわけです。

尊厳とコモン・センス

この光景に、戦後の日本の象徴的なかたちが現れている。

鮮やかなまでに二種類の人間がここには存在する。

第一に、経済合理性を第一の価値に置き、日ごろ人間関係を一切顧みず、安価なガソリンを買っていた人たち。第二に、経済合理性の枠からはみでた友情関係によって、値段が高くてもガソリンを買っていた妹夫婦です。値段が「高い」という判断基準に立つかぎり、妹夫婦は「損」をしていることになる。でもこの基準は、金銭的利益という短期的な指標のひとつに過ぎません。他の指標、長期的な安心を得るという判断基準に立てば、まったく違う選択もあり得るのです。

非常事態が生じたとき、日ごろの友情関係に基づいて、ガソリンを優先的に分けてあげるのは、当たり前のことです。それは震災以前からの**時間の厚みによって成り立っているから**です。利益以外の価値を生き方の第一原理とし、個人でもなく国家でもない、中間集団の互助組織によって、危機を生き抜いたということです。

ここに「尊厳とコモン・センス」をもった生き方の具体例が示されています。

一方で、地元ガソリンスタンドの前で怒号を発していた人たちは、みずからの価値観にまったく気づいていなかったでしょう。安価なガソリンが手に入るのであればどこでもよいというのは、合理的で個人主義的には問題なかったはずだからです。

しかしそれは平時の論理であり、非常時には通用しない。地震がくれば、丸裸の個人のまま放りだされ、誰も助けてくれないのです。彼らは孤独な互いの顔を見つめあい、徒党を組んで詰め寄ってきた。

しなやかな社会とは

二種類の人間がつくる共同性、互助的中間集団と徒党の違いに注目してください。

先に取りあげたトランプ支持者、あるいは震災後、一時的に高揚したデモ組織には、決定的に時間の厚みがありません。危機を前にして一気に凝集し、「自分はないがしろにされている」という感情を元手に声をあげる。それは極めて個人主義的な怒りであり、敵対的な共同性です。寛容とは正反対の荒廃した精神状態に、己を乗っ取られている。なんと他者への「尊厳」を忘れていることか。

一時的な興奮では、しなやかな社会をデザインすることはできない。非常時でも混乱しない、柔軟な人間関係をつくることはできないのです。

非常時を想定せず、安価なガソリンに依存している生き方は、まさしく経済安全保障が議論される以前の日本、中国市場一辺倒で生きてきた日本国民の生き方そのものなのです。

危機に極めて弱い生き方、脆弱な社会構造を私たちは選択してきた。

第五章で、国際秩序の激変や国内の災害を見ると、私たちの社会が暴力的な世界になりつつあることを指摘しました。危機や非常時が、常態化した世界になりつつある。「自衛隊の救助が来るまでの三日間、どう生き延びるのか」、「国際社会で日本はどう生き延びるのか」などの原始的な発想に回帰しつつあるといいました。

にもかかわらず、観光であれ農業分野であれ、海外需要や輸出産品に依存し、生活必需産品を輸入に頼る状態をさらに推し進めていく。外需依存は国内の脆弱性をいたずらに高めてしまっている。安価なガソリンを買いつづける生き方を、わが国は未だに行っている。

くり返しになりますが、プリミティヴな暴力性が露わな今日、生の第一価値は、どうしても海外志向から国内志向に転換する必要がある。

新型コロナ禍により強制的に経済交流が停滞した今、政権がなすべきことは、国際経済に翻弄され、個別案件に対処するだけではないでしょう。生き方、価値観の構えをグローバル市場中心から、国内循環型にシフトするべきです。

世界規模の市場で巨額の利潤を追求する平時の自由。それは過剰な富と過剰な失業双方を生みだすリスクをもってしまう。**成功も悲惨も「過激」なのです。**振幅の大きい生活様式を避けるためにも、筆者はもう一つの「自由」、非常時でも下げ幅の低い国内循環型の生活スタイルを提案するわけです。

アメリカとは異なる国家像

第二に、日本は、国際社会で自らの国家観をはっきりと主張すべきです。

第一章の結論部分で、筆者は、平時の自由と非常時の「自由」、いずれを選ぶのかは、日本国民の価値観、文化や死生観次第なのだといいました。

個別の政策にたいする意見は夥《おびただ》しく、優劣はつけがたい。その時、どれを正解とみなし選択するのか、最終的な判断基準は、「そもそも日本はどのような国でありたいのか」しかないのです。経済政策ひとつとっても、「日本は世界とどうかかわろうとしているのか」、「どのような風景の国土をつくりたいのか」という国家像を抜きには語れないということです。

そして国柄を決定づけるのは、結局、歴史と文化を振り返ろうとする不断の営みをおいてほかにはない。

参考になる文章をあげましょう。筆者とおなじ日本政治思想史が専門の坂本多加雄は、京都学派を扱った論考の中で、次のように述べています。

今日、西田幾多郎や高坂正顕、高山岩男ら「京都学派」の主張が、にわかに脚光を浴びている。戦前に「世界史の哲学」を掲げ、西洋中心の国際秩序に代わる「大東亜共栄圏」を肯定し、理論を提供した哲学者グループのことである。近代の特徴を、議会制民主主義（政治）、資本主義（経済）、帝国主義（外交）としたばあい、外交情勢の変更を迫ったのが「世界史の哲学」であった。それはヨーロッパ中心の近代の国際秩序を「大東亜共栄圏」によって乗り越えようとする試みであったといえるだろう。

確かにそれは、戦争の記憶と結びついており、無条件に肯定することができない。しかし彼らの主張が今日、意味をもつのは、わが国が長期的展望にたって自らの立場を主張した稀有な例だったからである。

明治維新以来、原則的に欧米列強がもつ既得権益を犯さない範囲で、極東アジアで発展することを目指してきた日本は、戦前のこの時期、はじめて自分自身の立場を説明する必要に迫られた。「世界とは何か」そこにおける「日本とは何か」という問いに、自覚的に取り組んだわけである——。

興味深いのは、坂本が一九九〇年にこの論考を発表していたことです。バブル経済を背景に、八〇年代の日本は空前の対米貿易黒字を計上しつづけていました。危機感を強めたアメリカは「日本異質論」を唱え、日米構造協議によって貿易赤字の解消を強行してきたのです。こうした事情を念頭に、坂本は、戦前の大陸権益を拡張する日本と、戦後の経済大国化した日本が、ともに世界のトラブルメーカーとみなされていると考えました。

「普遍性」という暴力

日本は自身の影響力に気づかないまま、世界から警戒され、異端視されている。「そうだとすれば、日本は単なる当面の個別的な政策の表明と実施に留まらず、その長期的展望に立ったうえでの方針を内外に明らかにし、自分が何者であるのかという点について明確な解答を提示する必要に迫られている」。[54]

九〇年代以降の日本が選択した道を思い出してください。第三章で論じたように、九〇年代以降の日本は、八〇年代のレーガン政権型保守主義を輸入することで、米国との軋轢を回避してきました。アメリカの自由と民主主義をほぼ無条件の前提として受け入れてきた。

しかし坂本は、この点についても戦前の京都学派を参考に、次のように語っていました。

イギリスや日本にとって、デモクラシーはあくまでも「手段」である。自国の発展をめざし、国家像を実現するための手段に過ぎない。ところがアメリカにとって、自由と民主主義は「目標」そのものである。なぜならアメリカの建国の理念、国家像そのものだからである――。

移民によって構成され、肌の色もお尻のかたちもまったく異なる個人同士が、一つの国家をつくり、そこに所属意識をもつ。そのためには、具体的民族的特徴ではなく、イデオロギー、誰でもいつでも所属可能な自由や民主主義、人権などの理念が必要なのだと坂本は考えました。だからこそ自由と民主主義は、アメリカにとって、世界全体に布教すべき絶対善だという主張がでてくる。アメリカの理想は、人類の理想でなければならないのです。

坂本にとって、問題は、民主主義であれ自由経済であれ、アメリカが自己の理念を「普遍的」だと考えていたことです。

普遍的である以上、世界の他地域はその理念に服さねばならない。**普遍的とは、その甘美な響きとは裏腹に支配欲の別名**である。[55] 他者の存在を認めない自己絶対化なのです。

これを筆者なりにいい直せば、アメリカとは、自己同一性がないことを唯一の自己同一性にしている国、ということになる。誰でも入れる無色透明な容器のような国だということです。無色透明であることが特色なのであり、きわめて特異な体質の国家だともいえる。

少なくとも、日本とはまったく異質な歴史をもった国であることは、自覚しておくべきでしょう。

九〇年代は、冷戦終結によって世界が多元化すると同時に、アメリカの普遍性が世界の秩序を確定していく時期でもありました。それは戦前、第一次大戦後の世界秩序がつかの間の安定を終え、再び第二次大戦の混乱と多頭化にむかう再現でもありました。少なくとも坂本はそのように考え、自由でも民主主義でもなく、普遍性の強制でもない、日本に独自の国家像を主張すべきだと考えたのです。

西側に対抗する歴史

戦前の京都学派と九〇年代の坂本に共通した問題意識は、多頭化した国際情勢において、普遍性を過剰に強要してくるアメリカを意識しつつ、どのように日本が自らの国家像を語るべきかにありました。二一世紀も二〇年を過ぎ、経済大国の面影もすっかり消えた日本で、坂本の議論は隔世の感があるかもしれません。

確かに経済的背景は大きく違うでしょう。しかし次のような長期的な日本の歴史をふまえると、令和の今、日本はふたたび自己同一性を、国家のデザインを、国内外に示す時代が来ていると思うのです。

例えばおなじ九〇年代の日本について、野口武彦氏は『日本思想史入門』という著作で、興味深い歴史観を披露しています。[56] 野口氏によれば、九〇年代の日本は「西洋の一員」として自足しているように見える。だがこの日本の自己意識は、日本思想史という大きな流れで見たばあい、きわめて異例な事態だというのです。

具体的には次のようなことです。

日本思想の歴史は、つねに「西」に対抗し、距離をとり、意識することでつくられてきた。日本にとって、南北問題はさほど意識されず、東西こそが関心の中心を占めてきた。とりわけ西側への意識は、日本のナショナル・アイデンティティーを考える際に重要であり、声高に東側の一員だと叫んだ際には、まずろくなことはなかった。

具体的な歴史を遡ろう。古くは『隋書』倭国伝に書かれている「日出《イ》ヅル処《トコロ》ノ天子、書ヲ日没《ヒボッ》スル処ノ天子ニ致ス」以来、まず日本にとっての西は、大陸の中華帝国であった。それは聖徳太子が活躍した六〇七年ごろのことである。二人の王子をしたがえた聖徳太子の肖像画として伝えられる「唐本御《とうほんみ》影《えい》」の服装も、実は最新の大陸ファッションであり、当時の日本人一般の服装とは異なっていた。大陸先進文明は、服装にも顕著に表れていたわけだ。

約六〇年の後に、白村江《はくすきのえ》の戦いで歴史的大敗を喫したのは、唐の水軍にたいしてであった。大陸は隋から唐に国家が代わったものの、その間も、律令制度の導入など交流はつづく。八九四年に廃止される以前の遣唐使に代表されるように、日本はつねに西方を意識し、対抗し、そこから最新知識を輸入することで国づくりをしてきたことになる。

時代はくだり明治期になると、先進国は律令体制中国から西洋資本主義諸国へと拡張していく。ただ異質な西側から何かが来る、という意識に変わりはなかった。

その一方で、東がアジアという名のもとに急浮上し、中国は西から東の象徴になり替わる。以後、日本は西側の一員なのか、それとも「本来の」アジアの一員として東側の国なのかを自問しつづけることになる——以上が野口氏の歴史見取り図なのです。

尊厳ある国へ

この東西の緊張に終止符が打たれ、自分を西側の一員だと信じて疑わないのが戦後でした。一九九〇年代いっぱいをこの信念で貫きとおした日本は、自由と民主主義を疑うことなど一切なかったのです。

だとすれば、直近一〇年間で分かったことは、この戦後秩序が瓦解したという事実ではないでしょうか。

国際情勢でいえば、私たちは今、日本思想史上でも稀有な時代を生きています。日本思想の歴史が、圧倒的に西側を意識することで成り立っていたとすれば、日本はもはや、アメリカの自由と民主主義を奉じているだけでは済まされない。

一方で、明治以降、本来帰るべき場所だと思われたアジアは、現状の中国を見るかぎり、そう簡単に同盟できる国ではない。そして米中が日本にとって何より問題なのは、新時代の中国の特色ある社会主義、すなわち習近平思想に典型的なように、互いに自らを「普遍的」であると主張していることにあります。アメリカも中国も、自己絶対化を進めている。だからこそ対立が終わることはないのです。

つまり私たちは、思想史上はじめて、**東西両方の大国に挟まれた時代**を生きねばならない。ここでもまた、「戦後の国家像」は見直しを求められ、「令和日本のデザイン」が求められている。

第二次安倍政権と菅政権を分析し、日本は「自己同一性の危機」にあるといったのは、以上のような意味からでした。西側の大国アメリカでさえ、もはや最新知識を輸入する国とは思えません。新型コロナウイルス対策に失敗し、混乱の渦中で大統領選挙をおこない、今なお国内の分断を露わにしているからです。自由と民主主義はポピュリズムと化し、他者への攻撃性と十分な議論を積み重ねることを嫌悪し、「遅さ」にいら立つ状態に陥っている。

その間隙をついて、中国は虎視眈々と世界の覇権をねらい、マスク外交、ワクチン外交に精をだしている。周辺地域への一気呵成な進出は、日本の国益と相容れることは難しいでしょう。

企業の構造ひとつとってもそうですが、成長できなくなると、往時の成功体験に固執しがちです。上司がバブル経済当時のやり方を連呼し、現在の業績不振を末端の社員のやる気のせいにする。部下は目の前の短期的業績をあげるために、平常の仕事に加えて、週末も追加残業をする。つけ焼刃の企画をたちあげ、多少の利益をつけ加える。目の前のことに忙殺されつづけるわけです。

しかし大事なのは、社会構造全体を把握することではないですか。上司は部下を叱りつけるのではなく、社会の変化を見定め、成功体験を捨て、会社のアイデンティティーをつくりなおし、社員全体に示すべきなのです。

つまりトップの人間がすべきなのは、骨太な指針を示すこと、その共同体が目指すべき方向性を指し示すことなのです。

国家もまた、おなじです。

危機のときほど、国家のデザインが必要となる。

この暴力的な時代を、どう生き抜くのか。

日本は今、国家として、尊厳ある国づくりが求められているのです。

ふるさとの尊厳——少し長いあとがき

筆者は本書で、合理性や効率性一辺倒の生き方とは違う、尊厳ある国づくりの重要性をいってきた。今、その根拠となる私的体験を書き記すことをお許し願いたい。

*

小学生のころ、埼玉県南部の所沢市に住んでいた。

西武ライオンズの本拠地で、西武新宿線と池袋線が交差する所沢駅から、歩いて一五分ほどのところである。学校からの帰路、六差路の交差点をわたり細い道をしばらく歩いて左手に折れ、よく吠える犬のいる市営住宅の前を走り抜けると、小さな下り坂があった。坂は廃屋と、小さな森に挟まれていた。坂を下りれば家はすぐそこだったが、小学生の僕らはよく寄り道をした。

森の中へ入る。森といっても本当につつましいもので、幅は坂道とおなじなのでせいぜい三〇メートル、奥行きは子供が走っても二、三分で尽きる小さな森であった。緩やかな斜面になっていて、木々の間からはちょうどよい木漏れ日が差し、足元で腐葉土はふかふかしていた。

何をして遊んだかなど、もう覚えていない。

でも水気を含んだ土の甘い匂いは今でも鼻の奥に残っているし、コガネ虫の幼虫はたくさん出てくるけれども、お目当てのカブト虫の幼虫はなかなかいなかった。丸々と白くて大きいカブト虫の幼虫を探す最中、夥しい数のハサミ虫や羽蟻がでてきて、大慌てで四方へ逃げていく。小枝を拾って、木にできた洞《うろ》に突っ込んで何か虫がいないか探してみる。その足元には駄菓子の袋が、土をかぶったまま汚く捨てられている。

その森がある日、アパートに変わっていた。「ある日」という言い方は、本当はおかしい。だって毎日通学に使っていた道だから、ブルドーザーが入って土を掘り返し、建物の基礎のためにコンクリートが流し込まれるのを今でも覚えているのだから。

でもやはり、僕にとっては突然の出来事だったのだ。何かが奪われたという感覚が、中学生になっていた僕をとらえた。毎朝、少し見上げるようなかたちで見るアパートの下には、多くの昆虫との思い出が潜んでいた。彼ら虫たちはいったいどこに行ってしまったのだろう。例えば鳥たちであれば、近くにある神社の森へと避難できたかもしれない。でも土の中で淡々と命をつないでいたものたちは、いきなり強い陽光を浴びせられるや否や、土ごとトラックに載せられ、どこか遠くの廃土場にでも持ち込まれたに違いない——。

アパートができると照明灯がつくのだから、坂道は明るくなったはずである。でも、子供心に「さみしい」としか表現できない思いは、ある暗い気分をもたらした。わずか一〇年を越える程度の年齢であっても、人生には歴史というものが確かに存在する。普段は思い出といって済ませているこの感情が、土とともに取り除かれた、しかも唐突に。たとえ都会の郊外では、ごくありふれた体験だったとしても。

*

地理学者のオギュスタン・ベルクは『日本の風景・西欧の景観』の中で、真に自然のままの空間は地球にはないのだといっている。この興味深い指摘は、僕らの常識が、自然には当てはまらないことを教えてくれる。

例えば、僕らは普通、まずは野生の自然があって、そこに人間が人為的な加工を施すと考えている。自然破壊という際に念頭にあるのはこの常識をさしている。ヨーロッパの歴史をさかのぼると、ギリシアでは紀元前七〇〇〇年から、フランスでは紀元前六〇〇〇年以来、森林の開拓がはじまった。銅や鉄器の利用がはじまると革命的といえる速さで、農業と牧畜が発達してゆく。

こうした努力の結果、人間の周囲には三つの空間ができあがってくる。農地と田園（放牧地）、そして森林という空間のことである。この中で、僕らにとって大事なのは森林という概念の登場である。

「概念」と書いたのは、もちろん森林は古くから存在したが、それが「森林」として何らかの意味をもって「発見」されるには数千年の時間が必要だったからだ。縄文人もアマゾンの密林深く住んでいる原住民も、「森林」の存在をしらなかった。

発見以後、人間にとって、森林は矛盾する場所となった。ケルト人にとって森はオオカミや盗賊の棲む危険な場所であると同時に、聖なる場所、魔術師の住む魅惑的な場所でもあった。

ところがキリスト教文化の流入は、この森林イメージに決定的な変化をもたらす。聖書によれば、森林とは荒野の別名にほかならず、その先には砂漠が待ち構えていて死と悪魔が跋扈する悪所になったのだ。つまり森林をふくめた「野生の自然」は、キリスト教文化によって「発見」され、人間の目の前にはじめて否定的な姿を現したのである。

日本のばあい、縄文人にとって森全体がどんぐりや木の実を育んでくれる庭のような存在だった。それは野生の自然ではあり得なかった。弥生時代の稲作が、水田と野生の区別を生みだした。牧畜という中間地帯を挟まない日本では、両者の区別は明確で、野生の森林はアニミズム的な聖性を帯びた場所だと思われるようになる。注連縄《しめなわ》が山の入り口の大木に張られているのは、彼岸と此岸をわけへだてる象徴だった。

ここでベルクの風景論を引いたのは、一つのことだけをいいたかったからである。

それは近代以前の人間は、僕らが見ていたようには山も森林も見ていなかったということだ。ヨーロッパ人にとって森林は奇怪な場所であり、日本人にとって山は神聖な場所だったが、いずれにせよ近づき難いことに変わりはなく、私たち人間側の態度が間違えば祟りや死をもたらし、慰撫せねばならない存在だった。修験道者やマタギらを除けば、日本人が山に登ることはあり得なかったのである。

これが平安時代になると、自然は歌枕の場所となる。『古今和歌集』が歴史的偉業である理由は、勅撰和歌集だからでも国風文化のはじまりだからでもない。両方とも当たっているが、より正確にいうと、天皇が日本語の伝統をつかって、この国の自然に意味をあたえたことが重要なのである。

春夏秋冬の季節は、山吹、蛍、菊、霰《あられ》によって区別すべきであり、月と梅の花は同時に詠まれなければならない。これに各所の歌枕を添えれば、日本列島という自然空間は、日本語の堆積によって彩られていたことになる。現在の私たちが見ている風景とは、まったく違う世界観が、そこには展開されていたのである。

だから高山の「発見」は、近代の始まりを告げるものだったのだ。高山登頂の最初期の担い手が、多く自然科学者だったのは偶然ではない。科学の進歩と風景画の登場は近代の始まりを象徴していたのであり、一八世紀にロマン派の文学者が登場することで、野生の自然は「美しい風景」へと変わってゆく。自然がいわゆる自然のまま、まばゆい陽光、燃えるような紅葉、木漏れ日を歩く快楽として登場したのは、ごく最近のことなのである。

近代以前の人たちが、自然を怖がっていたからといって、彼らを馬鹿にすることはできない。江戸時代、蘭学の医学書を翻訳し『解体新書』と名づけるまで、日本人は漢籍に描かれたままの眼で臓器を診ていた。そこには近代医学で処理する臓器の多くが記載されていない。でも当時の日本人は、解剖した身体の方ではなく、漢籍の眼で臓器を見ていたのである。

僕ら近代に生きる人間は、漢籍の不徹底を笑うことはできる。キリスト教文化が、森林を魑魅魍魎《ちみもうりょう》の悪の世界だと恐れたことも、笑うこともできる。

だが現在でも日々の生活のなかで、僕らはまったくおなじことをやっている。

新型コロナ禍は目に見えない不安で僕らを包む。他人が不潔に見えたり、感染者を差別してしまうのは、世界を自分流に見て疑うことがないからである。誰にも「本当の世界」など、わかりはしないのだ。

＊

これは僕の幼少期の記憶にある、郊外の田園風景についてもいえることであった。郊外に位置する田園や、地方に点在する里山を「美しい」と考えるようになったのもまた、最近のことなのである。

この美を「発見」したのは、都会に住む人間たちである。つまり現地に住む農民たちは、代々その土地に住んでいたとしても、田園も里山も知らないまま生きてきた。生活を暗くするだけにしか思えない豪雪地帯も、バブル時代の東京人から見れば楽園で、スキー場という風景をこれまた「発見」したのであった。地元住民は雇用の機会が増えることで、出稼ぎにいかなくてすむようになった。森林と山に加えて、田園と里山もまた、僕たちの視界に入ってきたのは、ここ二〇〇年ほどのこと、スキー場にいたっては二〇世紀に入ってからの話なのである。

こうして明治時代、ちょうど「日本アルプス」と命名された頃から、日本人は自然の風景に「美」を発見した。大学生の僕が毎週のようにザックを背負い、テントを張り、夜景に息をのみ、谷底の風に何かを感じたのは、すべて近代人としての生き方だったのである。

だが近代にはもう一つの顔があった。自然は美の対象であると同時に、産業化のためには時に「宝の山」に見え、邪魔者にも見えた。森林の多くはスギなどの用材の植林となり、利益を生みだすように強いられた。一方で戦後の高度成長が、一度は隅田川を死の川にしてしまい、しばらくの間、都会に住む人々は、自宅周辺の河川には寄りつきもしなかった。そのおなじ都会人が里山を訪れ、ハイキングを楽しみ、野山を美しいと感じていたのである。僕ら一家四人が、西武線に乗って週末の秩父を訪れハイキングをした帰り道、ハイカーであまりに混雑する満員電車に揺られていたのは、最大の皮肉であろう。

近代とは、それ自体に矛盾を抱えた時代なのである。自然に対して正反対の態度をとることを人間に強いるのが近代である。

新型コロナ禍のなかで、にわかにアウトドア志向が高まり、キャンプが大流行しているという。だがそもそも、ウイルスを世界的な規模で拡散させた原因は、産業の超近代化、世界中をヒト・モノ・カネが還流することにあった。自然破壊を何とも思わない産業化の果てに、ウイルスは人間とともに飛行機に乗って一気に広がった。結果、僕らは外出制限を余儀なくされ、自然回帰しているわけである。

また今、「新しい生活様式」が求められるなかで、とりわけ若い夫婦などが、都会を遁《のが》れ、地方暮らしに理想を見いだしているという。これより早く、Iターンブームのようなものもあって、若者たちが農業に精をだし、有機栽培で自然派志向の食材を都会に直接配送するなど、工夫を凝らした生活スタイルが特集されているのも見たことがある。一旦は工場廃液を垂れ流し、どす黒く変色していた隅田川が、ウォーターフロントと呼ばれる再開発で息を吹き返し、世界中の観光客を集める、人と親しい川に生まれ変わったのも、おなじ思考の流れのなかにある。

埼玉は所沢の、汚い駄菓子の袋が落ちていた森は、昭和末期に消えてしまった。それ以来、平成をまたいで令和の時代を、僕はまだ都会で生きている。三〇代のころ、仕事の縁あって移り住んだ福島県いわき市で東日本大震災を経験した。東日本大震災というよりは、フクシマ第一原子力発電所事故を経験したといった方が正確だろう。

当時、大学教員だった僕は、翌年行われた大学入試センター試験の監督業務として、浜通りの原発立地地域直近の高校へと赴いた。いわき市から、連日テレビ画面をにぎわしていた放射能の同心円を周回するように、原町・相馬方面へとバスで向かう。片道四時間半の風景は、誠に荒涼としたもので、途中、飯舘村付近を走っているバスの車内は、放射能のレベルを示す値が警報音を鳴らして跳ねあがった。

だが荒涼として見えた「風景」は、実は一切何も変化していなかった。ただ人間の姿が消えただけで、ものみな殺風景に見えたのだ。僕らは近代の象徴のような原発事故を経て、地方の風景から人が消える体験に出会った。風景から人が消えれば、何もないように見える。オギュスタン・ベルクのいう「真に自然のままの空間」、「野生の空間」は、皮肉にも原子力発電所事故によって僕らの前に現れた。

＊

「国家の尊厳」とは、こうした近代の克服をめざしたものでもある。

今回で新潮新書も三冊目となった。二冊目を書き終えたとき、政治評論の依頼を編集部の阿部正孝さんから受けていたが、どうも食指が動かなかった。それが昨年一〇月、ある受賞記念式のパーティーに出席していると、背後から阿部さんがぬうっと現れ、「先崎さん、このコロナ時代を記録するつもりで、多少手荒でも素描してみませんか」と声をかけられた。

その晩から一息に四カ月で書きあげたのが、この作品である。

アメリカにかんする議論は、長らく共同通信の支局長としてアメリカに滞在し、保守思想にも精通した会田弘継氏から有益なコメントを頂戴した。この場をお借りして御礼を申しあげる。

後に、コロナ禍の時代の息吹が伝わってくるようなものに仕上がっていれば幸いである。

令和三年一月　二度目の緊急事態宣言の渦中で

先崎彰容

【注釈および引用・主要参考文献】（できるだけ一般読者が手に取りやすい文庫等を優先）

1　三島由紀夫「私の遍歴時代」。『太陽と鉄』所収。中公文庫、一九八七年。一三五・一三六頁。

2　以下、モイセス・ナイム『権力の終焉』（日経BP社、二〇一五年）を参照している。

3　前掲『権力の終焉』、四〇頁。これにつづけてナイムは、「一般に認められている規則性や権威が欠如し、しかも安定性や予測性に期待を持てない状態では、社会のいちばん自由で闊達な領域である芸術、音楽、文学のクリエーターたちでさえ、充実した生活を送ることができないだろう。それは、彼らに自らの努力の成果を守る一貫した術（何らかの形の知的財産保護）がないからである」という。芸術という、もっとも「自由」を求める人たちさえ、ある種の権威や規則性によって支えられなければ、創造的な表現ができないのである。

4　前掲『権力の終焉』、三六六・三六七頁。

5　土居丈朗「新型コロナで露呈した政策インフラの脆弱性」。『中央公論』二〇二〇年五月号。二〇・二一頁。

6　以上、福田充「新型肺炎、緊急事態宣言発令を恐れるな」。『Ｖｏｉｃｅ』二〇二〇年五月号。

7　以上、竹内好「民主か独裁か——当面の状況判断」。『竹内好セレクションⅠ　日本への／からのまなざし』所収。日本経済評論社、二〇〇六年。ここで竹内は、全十七項目を立てたうえで、三・十五項目において、それぞれ次のようにいっている。「三　民主か独裁か、これが唯一最大の争点である。民主でないものは独裁であり、独裁でないものは民主である。中間はありえない。この唯一の争点に向っての態度決定が必要である」。「十五　……ただ、今が歴史の飛躍の時であることを知り、逆に行動によって労働者意識をきたえ、従業員意識から脱却させるような天才的指導者の出現を待ちのぞむだけである」。それぞれ三二三頁、三二八頁。民主主義の擁護が、このように煽情的に語られるのは、いつでも起こりえる。その際、共通しているのは「今は非常事態だ」という気分であり、一種祝祭的な状況に世間が陥ったときである。直近では新型コロナ禍や東日本大震災がそれにあたる時代だろう。

8 以上、「ナショナリズムと社会革命」。前掲『日本への／からのまなざし』、一六六―一七四頁。

9 『丸山眞男集』第八巻、岩波書店、一九九六年。三四七―三五〇頁参照。

10 以下、宇野常寛『遅いインターネット』（幻冬舎、二〇二〇年）を参照している。

11 前掲『遅いインターネット』、五二・五三頁。

12 例えば前掲『権力の終焉』三七二頁以下に、この点にかんする指摘がある。

13 カール・シュミット「議会主義と現代の大衆民主主義との対立」。『現代議会主義の精神史的状況』所収。岩波文庫、二〇一五年。一三三・一三四頁。

14 例えば、カール・シュミットは、次のように述べる。「自由主義は、たしかに、国家を根本的に否定はしなかったが、他方また、なんら積極的な国家理論も、独自の国家形態もみいださず、ただたんに、政治的なものを、倫理的なものによって拘束し、経済的なものに従属させようと試みたにすぎなかった」。『政治的なものの概念』（未來社、一九七〇年）、七四頁参照。

15 「例外的事態こそが、とくに決定的な、ことの核心を明らかにする意義をもつ、ということができる。なぜなら、現実の闘争においてこそ、友・敵という政治的結束の究極的帰結が露呈するからである」。シュミット前掲書、三〇頁。

16 カール・シュミット『政治神学』、未來社、一九七一年。八三頁。

17 佐藤優「『首相機関説』で菅政権を読み解く」。『月刊日本』二〇二〇年一〇月号。二二頁。

18 谷口智彦「安倍総理における孤独と達成」。『Hanada』二〇二〇年一一月号。六八頁。

19 中野剛志『TPP亡国論』、集英社新書、二〇一一年。三二・三三頁。

20 以上は、会田弘継『トランプ現象とアメリカ保守思想――崩れ落ちる理想国家』（左右社、二〇一六年）を参照している。

21 カス・ミュデ、クリストバル・ロビラ・カルトワッセル『ポピュリズム――デモクラシーの友と敵』、白水社、二〇一八年。特に、一五―三三頁。

22 前掲『ポピュリズム』、一九頁。

23 前掲『ポピュリズム』、一二一頁、傍点原著。

24 以下、フュステル・ド・クーランジュ『古代都市』（白水社、一九六一年）、大田俊寛『グノーシス主義の思想――〈父〉というフィクション』（春秋社、二〇〇九年）を、それぞれ参照した。また、フランシス・フクヤマは『政治の起源』（上巻、講談社、二〇一三年）において、同書に言及している。一〇〇頁以下。

25 前掲『古代都市』、七〇・七一頁。

26 前掲『古代都市』、四一九頁。

27 安倍晋三『新しい国へ——美しい国へ 完全版』、文春新書、二〇一三年。二四四頁。

28 前掲『新しい国へ』、二五四頁。

29 白井聡『国体論——菊と星条旗』、集英社新書、二〇一八年。二一頁。

30 「三島 自決から50年 40代学究が読み解く『事件と今』」、読売新聞二〇二〇年一一月二三日付朝刊。

31 三島由紀夫「果たし得ていない約束——私の中の二十五年」。『文化防衛論』所収。ちくま文庫、二〇〇六年。三七三頁。

32 三島由紀夫「文化防衛論」。前掲『文化防衛論』所収。三六頁、傍点原著。

33 前掲「文化防衛論」、七四・七五頁。

34 以下、橋川文三「美の論理と政治の論理」。『橋川文三著作集 1』所収。筑摩書房、一九八五年。二三九頁以下を参照。

35 ジャン・スタロバンスキー『透明と障害——ルソーの世界』、みすず書房、一九七三年。一一頁。

36 前掲『透明と障害』、一二頁。

37 前掲『透明と障害』、一七頁。

38 三島由紀夫『金閣寺』(新潮文庫、二〇〇三年)における、金閣をめぐる文章。三二一・三二二頁、傍点原著。

39 前掲『金閣寺』における、次の文章を参照。「私が女と人生への二度の挫折以来、諦らめて引込思案になってしまったなどと思わないでもらいたい……しかしいつも結果は同じであった。女と私との間、人生と私との間に金閣が立ちあらわれる。すると私の摑もうとして手をふれるものは忽ち灰になり、展望は沙漠と化してしまうのであった」。一九九・二〇〇頁。

40　三島由紀夫「『道義的革命』の論理――磯部一等主計の遺稿について」。前掲『文化防衛論』所収。九四・九五頁。

41　ジョルジョ・アガンベン『例外状態』、未來社、二〇〇七年。一一九頁。

42　マイケル・オークショット「保守的であるということ」。『増補版　政治における合理主義』所収。勁草書房、二〇一三年。二〇二頁。

43　前掲「保守的であるということ」、二三三頁。

44　竹中治堅『コロナ危機の政治――安倍政権 vs. 知事』、中公新書、二〇二〇年。その最終部分で竹中氏は、新型コロナ禍と第二次安倍内閣との関係を、権力構造の観点からとらえ直し、新しい特徴がみられるとしている。従来の研究の多くが、一連の政治制度改革の結果、首相の権限が大きくなったと指摘した。しかし竹中氏は例えば、加藤厚生労働大臣が感染症対策では国と都道府県、保健所設置市・特別区はフラットな関係にあるとしたことを挙げ、「首相支配」の版図外では権限を地方公共団体が持つことに注目した。そのうえで、「首相が関与する政策分野において、都道府県、あるいは政令市・特別区も権限を持っている場合、首相の指導力は制約される可能性が高く、そのことを念頭において分析を行う必要がある」と述べている。三一八頁。これを第一章のモイセス・ナイムの分析と比較してみる必要があろう。

45　山崎正和『柔らかい個人主義の誕生』、中央公論社、一九八四年。一五頁。

46　以上、前掲『柔らかい個人主義の誕生』、一〇四頁、九六頁。
47　與那覇潤「中抜きの宰相？——政治家・菅義偉考」。『表現者クライテリオン』二〇二一年一月号。
48　ハンナ・アーレント『全体主義の起原　3』、みすず書房、一九八一年。二二・二三頁。
49　前掲『全体主義の起原　3』、三二〇頁、傍点原著。
50　前掲『柔らかい個人主義の誕生』、五八頁。これにつづけて、山崎は「そこでは、集団の共同目的を忠実に追求してゐるかぎり、個人は自分が『誰かであること』を自動的に保証され、それにふさはしい注目を他人から受けることができた」という。山崎が指摘する、他人から注目を受けることは、他者「からの自由」を求めるかぎり、桎梏と感じられるだろう。一方で、他人から自分の存在を肯定的に認めてもらえると考えれば、それは「尊厳」とおなじ意味をもってくる。どちらが正しいかをめぐって議論すれば、リベラルと保守の分裂につながるかもしれないこの視座は、令和の日本のばあい、いずれの方が妥当するのかという観点から考えるのが適切であると思われる。
51　以上、小熊英二『社会を変えるには』、講談社現代新書、二〇一二年。四三三—四三八頁。
52　前掲『社会を変えるには』、四四一頁。
53　前掲『全体主義の起原　3』で、根無し草の大衆（モッブ）と知識人（エリット）との関係について、次のように述べる。「モッブとエリットのこの不穏な同盟、彼らの意外な行動や努力の奇妙な一致は、これらの階層が国民国家の階級社会の崩壊の中でまず一番に政治的、社会的故郷を失ったという事情にその根源を持っていた。彼らがたとえ一時的にもせよ互いに相手をこれほど簡単に仲間と認めたのは、両者とも自分たちが時代の運命を代表していると感じ、いずれは自分たちとともに根無し草となる筈の巨大な大衆が背後に立っており、早晩ヨーロッパ諸民族の多数派が自分たちと行動をともにする――彼らの考えでは自分たちの革命をいっしょにやってくれるであろう、と思っていたからである」。五七頁。

54 坂本多加雄『日本は自らの来歴を語りうるか』、筑摩書房、一九九四年。一九六頁。

55 「普遍主義」がもつ暴力性にかんして、坂本自身の言葉を用いれば、「歴史的に見て、軍事、政治、経済の諸側面において相対的に優越的な立場にある国家や民族に、しばしば見られるものである。そこには、相手方に自らの価値を『伝道』し、『同化』しようとする衝動が伴う。それはつまるところ、自らを中心とする『世界一元論』に帰着する」。今日、米中覇権主義と一般にいわれている事象も、両大国間における世界一元化への欲望にほかならない。日本はそこにおいて、どのような立場を主張し、自らを説明するのか。九〇年代の坂本の指摘は、経済的背景を越えてなお、意味をもつ。前掲『日本は自らの来歴を語りうるか』、二四四頁。

56 野口武彦『日本思想史入門』、ちくまライブラリー、一九九三年。第一章「日本の東と西」参照。

◇

＊一五七頁　ＪＡＳＲＡＣ　出　２１０２２０４ - １０１

先崎彰容　1975年生まれ。日本大学教授。東京大学文学部卒。東北大学大学院で日本思想史を専攻。文学博士。著書に『ナショナリズムの復権』『違和感の正体』『未完の西郷隆盛』『バッシング論』など。

Ⓢ新潮新書

908

国家《こっか》の尊厳《そんげん》

著　者　先崎彰容《せんざきあきなか》

2021年5月20日　発行
2023年4月10日　8刷

発行者　佐　藤　隆　信

発行所　株式会社 新潮社

〒162-8711　東京都新宿区矢来町71番地
編集部(03)3266-5430　読者係(03)3266-5111
https://www.shinchosha.co.jp
装幀　新潮社装幀室

印刷所　株式会社光邦

製本所　加藤製本株式会社

ISBN978-4-10-610908-9 C0231

価格はカバーに表示してあります。

764
知の体力
永田和宏

「群れるな、孤独になる時間を持て」「出来あいの言葉で満足するな」——。細胞生物学者にして日本を代表する歌人でもある著者がやさしく語る、本物の「知」の鍛錬法。

857
昭和史の本質
良心と偽善のあいだ
保阪正康

ファシズム、敗戦、戦後民主主義……昭和はいったい何を間違えたのか。近現代の名文を手掛かりに多彩な史実をひもとき、過去から未来へと連鎖する歴史の本質を探りだす。

835
老人の美学
筒井康隆

人生百年時代にあっても、「老い」は誰にとっても最初にして最後の道行きだ。自分の居場所を見定めながら、社会の中でどう自らを律するか。リアルな知恵にあふれた最強の老年論!

426
新・堕落論
我欲と天罰
石原慎太郎

未曾有の震災とそれに続く原発事故への不安——国難の超克は、この国が「平和の毒」と「我欲」から脱することができるかどうかにかかっている。深い人間洞察を湛えた痛烈なる「遺書」。

880
生き抜くヒント
五木寛之

老いと病いを道連れに、こんな時代をどう生きればいいのか。ユーモアとペーソスの陰に処世の知恵がキラリと光る。『週刊新潮』人気連載から厳選、35の「生き抜くヒント」!

新潮新書

882
スマホ脳
アンデシュ・ハンセン
久山葉子訳

ジョブズはなぜ、わが子にiPadを与えなかったのか？ うつ、睡眠障害、学力低下、依存……最新の研究結果があぶり出す、恐るべき真実。世界的ベストセラーがついに日本上陸！

885
ブラック霞が関
千正康裕

朝七時、仕事開始。二七時二〇分、退庁。官僚のブラック労働を放置すれば、最終的に被害を受けるのは我々国民だ。霞が関崩壊を防ぐ具体策を元厚労省キャリアが提言。

820
ケーキの切れない非行少年たち
宮口幸治

認知力が弱く、「ケーキを等分に切る」ことすら出来ない――。人口の十数％いるとされる「境界知能」の人々に焦点を当て、彼らを学校・社会生活に導く超実践的なメソッドを公開する。

903
どうしても頑張れない人たち
ケーキの切れない非行少年たち2
宮口幸治

彼らはサボっているわけではない。頑張れないがゆえに、切実に助けを必要としているのだ。困っている人たちを適切な支援につなげるための知識とメソッドを、児童精神科医が説く。

901
自衛隊最高幹部が語る令和の国防
岩田清文　武居智久
尾上定正　兼原信克

台湾有事は現実の懸念であり、尖閣諸島や沖縄も戦場になるかも知れない――。陸海空の自衛隊から「平成の名将」が集結、軍人の常識で語り尽くした「今そこにある危機」。